Likombe Imponge

Conducteur d'hommes

Likombe Imponge

Conducteur d'hommes

Leadership

Éditions Croix du Salut

Impressum / Mentions légales
Bibliografische Information der Deutschen Nationalbibliothek: Die Deutsche Nationalbibliothek verzeichnet diese Publikation in der Deutschen Nationalbibliografie; detaillierte bibliografische Daten sind im Internet über http://dnb.d-nb.de abrufbar.
Alle in diesem Buch genannten Marken und Produktnamen unterliegen warenzeichen-, marken- oder patentrechtlichem Schutz bzw. sind Warenzeichen oder eingetragene Warenzeichen der jeweiligen Inhaber. Die Wiedergabe von Marken, Produktnamen, Gebrauchsnamen, Handelsnamen, Warenbezeichnungen u.s.w. in diesem Werk berechtigt auch ohne besondere Kennzeichnung nicht zu der Annahme, dass solche Namen im Sinne der Warenzeichen- und Markenschutzgesetzgebung als frei zu betrachten wären und daher von jedermann benutzt werden dürften.

Information bibliographique publiée par la Deutsche Nationalbibliothek: La Deutsche Nationalbibliothek inscrit cette publication à la Deutsche Nationalbibliografie; des données bibliographiques détaillées sont disponibles sur internet à l'adresse http://dnb.d-nb.de.
Toutes marques et noms de produits mentionnés dans ce livre demeurent sous la protection des marques, des marques déposées et des brevets, et sont des marques ou des marques déposées de leurs détenteurs respectifs. L'utilisation des marques, noms de produits, noms communs, noms commerciaux, descriptions de produits, etc, même sans qu'ils soient mentionnés de façon particulière dans ce livre ne signifie en aucune façon que ces noms peuvent être utilisés sans restriction à l'égard de la législation pour la protection des marques et des marques déposées et pourraient donc être utilisés par quiconque.

Coverbild / Photo de couverture: www.ingimage.com

Verlag / Editeur:
Éditions Croix du Salut
ist ein Imprint der / est une marque déposée de
OmniScriptum GmbH & Co. KG
Bahnhofstraße 28, 66111 Saarbrücken, Deutschland / Allemagne
Email: info@omniscriptum.com

Herstellung: siehe letzte Seite /
Impression: voir la dernière page
ISBN: 978-3-8416-9817-9

Copyright / Droit d'auteur © Likombe Imponge
Copyright / Droit d'auteur © 2012 OmniScriptum GmbH & Co. KG
Alle Rechte vorbehalten. / Tous droits réservés. Saarbrücken 2012

CONDUCTEUR D'HOMMES

PREFACE

L'intention première de notre travail, repris ici sous forme des enseignement est de contribuer au succès de l'œuvre de Dieu, tout en proposant des pistes de solution au vue des imprévus émanant des réalités socio- politique dont fait face nos Conducteur spirituels. Les conscientiser à propos de la menace de l'hérésie, camouflant des pratiques occultes, qui ronge les Assemblées de Dieu. C'est pour cette raison que l'Eglise du troisième millénaire désir voir des Leaders adopter des méthodes différentes, sortir de la routine des messages de prospérité, délivrance et autre; en vue de contrecarrer l'invasion de l'hérésie.

En second lieu, nous tenterons de brosser quelques éléments parlant du respect des valeurs moraux et religieux, de façon à accorder le violon d'un leadership cyclique, ouvert au dynamisme de paix, de progrès et d'intégrité.

Autre chose, qui fera l'objet d'un grand débat, c'est le caractère d'un Leader. Il est au service du Divin Créateur, par contre, il possède comme tout homme des défauts et des qualités. Les tentations, les humiliations, les souffrances, les échecs ou les pires moments de détresses tendent à imprimer sur son ministère, un rythme de grandeur.

Quatrièmement, nous analyserons l'aspect relationnel du Leader dans cette société de conformisme et de matérialisme. Dans le souci d'unir et non de mélanger, quel ami doit-on savoir accepter? Est-ce un ami loyal, de passage, ou parasite? Nous pensons qu'un leader aura besoin des hommes qui sachent apporter la révolution dans l'esprit; entrer dans la chair comme le bistouri pour désinfecter la plaie. De tels hommes méritent de la confiance, de par l'effort qu'ils fournissent à l'avancement de l'œuvre de Dieu. Et, pourquoi pas leur attribuer une place de choix dans le Conseil de l'église? Ne le voyons-nous pas dans le ministère du Christ, qui donna un privilège aux premiers vénus (disciples, à savoir Pierre, Jacques et Jean) et en a fait «□les colonnes de l'église primitive□».

Nous aborderons aussi le sujet de la prière. Car, la recherche d'une relation saine et durable avec Dieu nourri l'église. Le pasteur, que nous sommes, est considéré en tant que messager de Dieu. Alis verbis, il se présente comme « un□» Aaron de l'église (Psaumes 133), c'est par son entremise que Dieu tisse davantage de relations pour la vie de l'Assemblée; à l'instar d'Abraham, Moise, Joseph, Paul, pour ne citer que ceux-là. A travers les produits de leur fidélité à Dieu, se dégage l'histoire des hommes inspirés, plein de courage pour combattre les ennemis de l'Eternel et défendre les intérêts de Dieu; possédant la beauté dans le langage. Génies de la stratégie, ils nous apprennent à marcher suivant leurs pas, comme ils ont suivis celui de JESUS-CHRIST.

Avons-nous encore la race des hommes intègres, justes et craignant Dieu dans nos églises? Laisse que le Saint-Esprit nous ouvre les yeux afin de trouver davantage conseils, vérités, pensée de Dieu, pour une gestion ordonnée, mais aussi pour des collaborateurs curieux, prêts à s'affirmer quand le moment semble propice.

Table des Matières

PREFACE 2
INTRODUCTION 5
CHAPITRE 1. ME VOICI, ENVOIE-MOI 9
CHAPITRE 2. LA VISION D'AVENIR 15
CHAPITRE 3. LE RELAIS 19
CHAPITRE 4. LE LEADER: SENTINELLE DE L'EGLISE 22
CHAPITRE 5. LE VRAI SERVICE 28
CHAPITRE 6. ASSEMBLEE VIVANTE 37
CHAPITRE 7. MARCHE JUSQU'À LA FIN 44
CONCLUSION 47

INTRODUCTION

Au regard du christianisme biblique, qui met l'accent sur la fraternité, la miséricorde, la justice et la puissance dans le Saint-Esprit, certaines personnes ont compris que sans Jésus-Christ leur vie est vouée à l'échec. Alors pour être à l'abri de l'injustice de ce siècle présent, bon nombre ont abandonnés cette vie de péché, dans le but de suivre Jésus d'un cœur sincère et recevoir le don gratuit de Dieu, qui n'est autre que la vie éternelle.

Le siècle dans lequel nous vivons, le vent de réveil spirituel a été tellement fort, au point de renverser les fondements occultes, ayant réduit l'homme à l'état d'esclave. Crée à l'image et à la ressemblance de Dieu, l'homme vacille, sans raison apparente, vers le bien et vers le mal, entre la recherche démesurée du plaisir, le sexe, la drogue, la criminalité; l'amour fraternel s'éteint,- l'égoïsme et le souci de profit supplantent les relations humaine et tendent à briser nos valeurs éthique.

nt enfants de Dieu. L'Esprit du Seigneur exerce sur quiconque crois à la puissance de divine, et marche dans la vérité: le ministère de la délivrance; la guérison biblique; inonde le cœur de la lumière des cieux; opère de miracles; délivre de tout ce qui se rapporte aux cécités spirituelles et ces conséquences sur le plan de l'âme, de l'esprit et du corps.

Rassemblé au nom Jésus Christ et autour de conducteurs spirituel, les chrétiens s'unissent afin d'adorer et de servir leur DIEU, en esprit et en vérité. Mais, qu'en est-il de nos rassemblements chrétiens? Comment se déroule-t-ils? Sur quelle base doit-il être fondé? L'Eglise de Dieu a pris un autre tournant, au lieu de présenter l'homme Jésus, Sauveur et Dieu, quelques personnes se prétendant dirigeants se sont érigées en maitre, à cause d'un soi disant vision reçue de la part de Dieu. Nous ne sommes pas sceptiques face à la vision céleste; s'il s'agit d'observer la manière dont naisse et disparaisse des Assemblées de Dieu, on se dira une seule chose: où est la vérité? Car, si la vérité des choses de l'au-delà siégeait parmi les chrétiens, il n'y aurait point à l'heure actuelle un record de division.

Surement l'explication pourrait être celle de la carence de formation spirituelle spécifique ou une mal gestion au niveau du leadership, quant bien même les motivations à servir Dieu s'avère de fois lucrative, pour les uns; la quête de la gloire, pour les autre; la démonstration de la croissance numérique de l'église locale résultat du savoir faire d'un homme (pasteur, évangéliste, docteur) concocté sous forme de vision spirituelle.

Actuellement on registre beaucoup des abus au sein des églises, d'ailleurs ce n'est pas du nouveau. Ne croyez pas que nous voulons exposer le coté négatif de pasteurs. Non, loin de là! Nous ne parlerons pas non plus de leurs biens matériels ou de leur titre académique. Au contraire, nous présenterons la vie et les enseignements des hommes qui ont et continuent à reconnaitre leurs limites, leur incapacité d'agir sans l'aval et le soutien de ce Dieu plein de bonté. Agir, bâtir, former, établir de responsables, faire bon usage des dimes et offrandes, réprimer, pardonner, prier, savoir tenir sa maison… voilà à quoi s'appesantira notre travail.

Il est vrai que tout ce qui rapproche l'homme de Dieu est bon. Lorsqu'on a gouté combien le Seigneur est bon comme un mets succulent, cela nous pousse à marcher dans sa direction, non pas seul, plutôt avec les autre d'un même accord. Est-il juste d'accepter l'autre à ses cotés, tout en sachant qu'il est différent de moi, par sa couleur de peau, race, langue, culture ou couche sociale? Et, qu'ensemble on doit servir Dieu? Ah! Oui. Moise dut accepter la présence d'Aaron et Hur prés de lui, de manière à lui soutenir dans cette grande entreprise, qui est l'œuvre de Dieu.

En effet, faire appel à son prochain pour édifier la maison du Seigneur, comme nous dit la Bible: deux valent mieux qu'un (Ecclésiaste 4,9-10) -, dans la sphère de l'église locale, rend le travail de Dieu plus efficace. Parce qu'à deux ou à trois, le nombre, (considérés en jour de pèlerinage avec Christ -Jésus), le poids (de l'onction) et la mesure (traduit ici en bénédiction), contribuent invraisemblablement à la réussite avec Jésus. La force de l'unité et celle de l'organisation peuvent saisir le cycle de la vie, pour le mettre au profit de l'Evangile; mais aussi et surtout à comprendre que, même si nous sommes deux ou trois sur l'estrade, il n'y aura qu'une seule personne pour diriger tous. Ce dernier est prié d'être à la hauteur de ses responsabilités. Moindre erreur, le chaos peut arriver à tout moment. Un bon dirigeant est tenu à montrer la grandeur de son âme pour traverser la crise; et ce, dans un climat d'amour, de confiance et de sécurité.

Chose étonnante, beaucoup des chrétiens aspirent à devenir de responsable d'église, tout en oubliant que servir Dieu comme leader, n'est pas chose facile; il faudrait au préalable être choisi, attendre son temps d'appel au servir, accepter un stage de formation sous les pieds d'un autre Leader. En vérité, un vrai leader doit être formé par un autre grand leader, tel que fit Dieu pour Moise dans la cours de PHARAON. Moise devait suivre la formation politico-administrative au coté de ce prestigieux roi d'Egypte, de manière à maitriser les rouages du leadership. Il acquière, chez Jéthro son beau-père, à l'école des nomades, l'art des sourciers pour l'assainissement des eaux et la connaissance pratique du désert, de ses ressources méconnues et des phénomènes étonnants, en rapport à des variations périodiques de la mer. Ceci permet à ce que l'onction reçue expérimente les réalités mystique de l'Esprit. La préparation (le discipulat) nous initie à comprendre l'univers de la grâce, de la loi et de la révélation. Une fois les leçons comprises, toutes les opportunités qui se présenteront dans l'œuvre du ministère seront sujet à déclencher le miracle.

Cependant, la personne hissée au devant de la chaire, et cela, par imposition de main des Anciens, pour diriger l'Eglise de Jésus, joue le rôle de Pasteur. Il jouit ipso facto du privilège « d'un Leader », terme qui sera amplement expliqué le long de notre approche de la vérité. Par ailleurs, le travail du leader est détaillé sur une carte invisible, dite « vision spirituelle » devant conduire les actions d'un leadership. Celle-ci expose en claire les grandes lignes de la marche de l'église; c'est-à-dire parle de la confession de foi, montre le chemin vers l'excellence, de façon à appuyer les faits et gestes, dans l'association du temps et des rêves, pensés par le Leader. Son but premier, c'est le Royaume des Cieux -, le second est de fructifier, valoriser, transformer son environnement, voire transmettre les notions de sa vision à des hommes compétent, juste, craignant Dieu.

Il va sans dire, qu'il est nécessaire à un Leader de multiplier des efforts en vue d'atteindre le but escompté, d'autant plus que tout règne sous le soleil est temporaire. Aucun homme n'est éternel. Raison pour laquelle un conducteur d'hommes devrait connaître sa mission : être le passeur entre le monde spirituel, physique et matériel. De par ses prédications, faites sous la puissance du Saint-Esprit, il préserve le peuple de Dieu contre l'appétit de la mondanité. Brise les montagnes pour établir un équilibre parfait dans sa communauté.

Et, quand vient la nuit de son temps, le leader se repose. Mais qui travaillera à la fois pendant qu'il est là et qu'il n'est pas là? Un remplaçant. Se choisir un successeur: un homme portant le même idéal que soi, en vue de continuer son œuvre, pas forcément au terme de son contrat; cela reviendrait à assouplir sa mission. Un tel besoin s'il ne pas ressenti dans le chef du Conducteur spirituel conduira l'assemblée de Dieu aux murmures, soupçons démesurés, la rébellion pourrait facilement siégée aux portes du ministère.

Attention de ne point tomber dans le culte de la personnalité, cela engendrerait, bien entendu une hypocrisie auprès de ses collaborateurs, pour finalement déboucher à une bourrasque. Et par voie de conséquence, l'unité de l'Assemblée devient fragile. Elle s'éclate à petit feu. La cohésion avec ses collaborateurs disparait. La confiance se perd. La mission d'évangélisation ralentie. Pourquoi? Simplement, parce que le Leader donne la primauté à la chaire, au détriment de l'Esprit. Abuse de ses prérogatives, pour régner en dictateur. Il fait de l'église son apanage, contrôle, agit, décide, délibère, exécute bien de décisions comme bon lui semble.

En réalité, la responsabilité du dirigeant spirituel doit être considérée comme une preuve d'attachement à l'Assemblée de Dieu. L'Eglise de Jésus-Christ ne peut admettre un feu étranger autre que le Saint-Esprit, ou accueillir des hommes qui s'autoproclament Pasteur, n'ayant aucun passé ministériel et bourrés des intentions tordues, celui de faire carrière ou s'enrichir en usant de la naïveté de membres de l'église.

Au regard de la Bible, le Conducteur d'homme est celui qui se prête au jeu du Dieu de l'œuvre et se plie aux exigences de l'œuvre de Dieu, à savoir veiller sur le bien-être spirituel du troupeau; dispenser la Parole avec droiture tout en cherchant à voir des hommes violents devenir pacifiques, des ivrognes passer à un état sobre, des déséquilibrés retrouver le gout de la vie, les malades être guéris, les prisonniers spirituel délivré … En application, le Leader portera un bon témoignage, dans et au dehors de l'Assemblée ,que ce soit dans sa maison (voire le mariage, éducation des enfants, loisir, argent) autant sur le choix de réseau de ses relation. Il reste certes infatigable pour ce qui est de la cours vers l'éternité. Loin de lui, l'idée de compromettre son honneur et celui de sa famille ou encore d'abandonner sa mission; car, l'Eternel est sa lumière et son salut…L'Eternel est la force de sa vie (Psaumes 27.1). Grace à Dieu, il saura éviter l'inévitable, changer l'inchangeable et réformer son environnement.

CHAPITRE 1. ME VOICI, ENVOIE-MOI

Nous vivons une période de crise sous cette ère chrétienne, où les abus des hommes de Dieu s'accroit du jour au lendemain et le mal ne cesse de gagner le terrain. Vous sous cet angle, beaucoup prient en langues, jeunes, courent après le miracle oubliant que l'heure est venu de prier Dieu en esprit et en vérité. Au lieu de rechercher une vie de sanctification dans le jeune et la prière pour jouir de l'Eternel la puissance et l'efficacité dans l'œuvre du ministère, que faisons-nous? Descendre encore dans la profondeur du mal en créant de plate- forme (regroupement religieux= œcuménisme) de tout bord pour adorer Dieu.

L'humanité entière végète dans le péché et la mort spirituelle. C'est pourquoi Dieu se choisi des hommes et des femmes soucieux de travailler pour son royaume. Par sa souveraineté, il ramasse des choses vils (des personnes sans valeurs), les appellent à faire partie de son armée, et les oins pour être puissant et efficace dans l'œuvre du ministère. Instruit ou pas, Dieu va nourrir son serviteur du pain des anges. Faible qu'il est, Dieu le rendra fort. Cependant, ce dernier ne saurait détenir le pouvoir céleste et temporel pour éviter l'action de l'Eternel sur l'humanité. Par contre, la vision spirituelle que l'Eternel nous fait grâce, lorsque nous sommes épris de résoudre les problèmes insolubles, afin d'instaurer un règne de paix; aide à acquérir la connaissance suffisante pour protéger la famille de Dieu contre les malices de l'ennemi.

Le respect à servir ce Dieu grand, fort et puissant, annihile notre égoïsme. Développe le sentiment du partage: réunir Dieu et l'homme sur le terrain de la croix de Jésus et plaider pour la vraie unité entre les hommes. Quel que soit l'origine, le lieu de naissance, le milieu social, situation familiale et autre, Dieu cherche une chose dans la vie de son serviteur: être glorifier. Utiliser l'homme pour la productivité, celui d'amener les pécheurs à la vie éternelle. Dieu ne vise pas la gloire pour son serviteur, mais veut que celui-ci s'abaisse devant lui afin de le doter de la sagesse de l'au-delà, pour savoir lui parler dans la prière et toucher le cœur de Dieu.

Il y a un fait à prendre en considération: nos faiblesses sexuels, erreurs dans le langage ou petites fausses dans les décisions peuvent conduire à l'échec de la mission. Nous pourrons lire l'histoire de Souleymane (Salomon), roi de l'Israël antique, et un des dirigeants le plus compétent qui aient jamais connu le monde, d'autant plus qu'il remplissait les fonctions temporel et spirituel. L'Eternel lui promis la largesse de la sagesse ainsi que de la richesse. Aucun homme ne saurait être honoré comme lui. Dieu sait toujours récompenser ses serviteurs. Il promit de bénir l'entreprise de Salomon, et le fit bon gré. D'ailleurs, la religion islamique tire sa dénomination de la traduction arabe du nom de Salomon: Souleymane. L'Islam considère Souleymane comme un grand prophète de Dieu.

Honoré de tous, il prit plaisir au luxe pour vivre le reste de sa vie dans l'opulence et l'extravagance, oubliant tous ce qu'il fit avec le Dieu de son père. Mais, au-delà de ses déboires, il sut s'organiser. Il compta sur le respect et le soutien de ses sujets, bien plus sur le groupe des anciens (1 Rois 10.14-29) et de ses hauts fonctionnaires (1 Rois 4). Je crois que c'est cela que doit faire un serviteur de Jésus: apporter la paix, la confiance, alimenter l'amour et créer un climat de sécurité dans le cœur de ceux qui contribuent et travaillent d'un commun accord avec lui, pour l'avancement de l'œuvre de Dieu. En revanche, s'il arrivait que ces derniers perdent la confiance mutuelle, le déclin viendra à s'installer. Peu importe ce qui peut naitre dans le cœur des compagnons d'armes. Salomon dut affronter l'opposition de Jéroboam, un de ses serviteurs, tout comme Hadad, l'édomite, un de ses adversaires ou encore Rezon, fils d'Elyada, autre adversaire; tous les trois, chacun à son tout su mettre pression sur le leadership de Salomon (1 Rois 11.11-31; 12).

En somme, quand le Seigneur nous appelle, nous répondons OK, je suis prêt, nous oublions que l'opposition se profile sur notre horizon du service. Il y aura de personnes qui occasionneront la rébellion. La rébellion ne conduit à rien, n'arrange non plus les choses. Au contraire, perturbe l'ordre établit et plonge les structures de la collectivité dans une réforme non fondé, non voulu pour un résulta qui est le chaos. Est-ce que Moise lorsqu'il accepta la d'être le conducteur des israélites dans le désert, s'attendait-il à voir des éléments subversifs (il s'agit là de Koré, Datham et Abiram) surgir au milieu de ses troupes et inciter le reste du peuple à construire un veau d'or? Non.

Gloire soit rendu au seigneur Jésus, c'est de lui que nous vient les capacités de surmonter les situations inattendues, de marcher dans la voie de l'éternité. Par le Saint-Esprit, il nous éclaire en vue de transmettre la vision d'un rayonnement céleste, pour conduire les hommes dans la vraie vie. Dans cette optique, nous saurons être des hommes qu'on imite, à qui ont posent des questions, qu'on tente d'égaler ou de dépasser: le soleil qui éclaire et réchauffe.

Le serviteur de Dieu ne peut être comparé aux hommes politique, qui usent de démagogie pour duper le peuple. Surtout quand ils se retrouvent en pleine campagne électorale. Tant d'arguments pleuvent; de beaux discours pour séduire l'électorat. Une fois élus, ils ont du mal à tenir leurs promesses. Avec Dieu, c'est tout le contraire. En fait, il nous apprend à réaliser l'impensable, grâce à la foi. Nous préparent à la voie de la maturité chrétienne et de la sagesse, niveau qu'atteignit Salomon de son vivant. Sous la houlette d'un père spirituel, on reçoit des rudiments de la foi (affermissement, quatre loi spirituel, fondement et enracinement spirituel), en vue de servir dignement le Seigneur dans sa maison, et non le faire d'aparté. Le service produit l'expérience; l'expérience accouche la vérité dans le langage (savoir rehausser ses engagements) et l'exploit avec Dieu.

S'il nous faut parler de serviteurs qui ont accepté la mission divine, il y a un qui se distingue dans ce lot, il s'agit de JESUS, le Christ de Dieu. Homme sage par excellence, dont la conduite était bonne, sans tache ni défaut. Il est le Roi dont parlent les prophéties biblique (Luc 1.31-33). L'unique serviteur parfait, dont les paroles possèdent une puissance dynamique spéciale capable de transformer les cœurs et les vies humaine. C'est lui qui peut conduire les hommes vers une destinée meilleur. Cher lecteur, si vous n'avez personne sur qui faire confiance, parce que le monde vous a déçu, voici-je-vous présente Jésus-Christ. C'est sur lui que vous devez compter et décharger de tous vos soucis.

Pourquoi insistons-nous sur la nécessité de croire en Jésus-Christ? Simplement, parce qu'il est Le Dieu véritable, le créateur de toutes choses. De lui, dépend la vie et la mort, la bénédiction et la malédiction. Il ne se contente pas de belles paroles, bien qu'étant puissant en parole et puissant en action. Vigoureux, belle carrure, plein de zèle et d'initiative, ses promesses de pardon et de vie éternelle sont véridiques. Elles se réalisent sur quiconque l'accepte comme Seigneur et Sauveur. Oh! Merci mon Jésus; tu te donnas toi-même pour nos péchés, afin de nous arracher au présent siècle mauvais, selon la volonté de notre Dieu et Père, à qui soit la gloire aux siècles des siècles! Amen! (Galates 1.4-5) (2)

Le christ de Dieu possède d'autres qualités que tu connais mais dont tu ignore la portée spirituelle:
(2) Version de la Bible Thompson.
- Son autorité est approuvé par le ciel et les humains (Luc 2.52);

- Il est le Dieu invisible, le créateur, le chef de l'Eglise, maitre sur la vie (Colossiens 1.15-20);
- La pierre angulaire du fondement spirituel (Ephésiens 2.20);

- Celui qui supporte les injures et les critiques (Luc 4.24, 29-30);
- Plein de puissance spirituelle, et renommé à cause de la présence du Saint-Esprit en lui (Luc 4.14-15);
- Une rhétorique étonnante (Marc1.21-23).

Fondamentalement, dans les récits messianique, on lira que Jésus n'agissait pas au niveau normal de l'existence; c'est-à-dire celui de monsieur tout le monde. Il marchait avec des hommes prêts à monter avec lui sur la montagne (Matthieu 17.1-9). Comme David, le roi d'Israël antique, qui s'entoura des hommes vaillants. Disposer à sacrifier leur vie. Nous pouvons lire dans la Bible, un jours David convoita le puits de Bethlehem. L'expression de son désir conduira trois de ses soldats à forcer le passage du camp des philistins, et puisèrent de l'eau du puits de Bethlehem (2 Samuel 23.8-39). Tu n'es pas n'importe qui. Tu es le serviteur du Dieu vivant, créateur du ciel et de la terre; il t'a été choisi d'entre les hommes qui peuvent crier haut et fort, à tout moment: « me voici Seigneur, je suis prêt. Envois-moi. Parle, ton serviteur écoute ». Au reste, regarder avec qui tu collabores pasteur. Sache bien tisser le réseau de ton entourage.

Le choix de Dieu se fait bien avant même notre naissance. N'avons-nous pas lu l'épisode de l'appel de Jérémie? Le Seigneur lui adressa ces mots: «avant que je ne te forme dans le ventre de ta mère, je te connaissais, et avant que tu ne sortes de son sein, je t'avais consacré, je t'avais établi prophète pour les nations. » (Jérémie 1.4-5).Tout comme le Christ Jésus, sa naissance a été prédit, annoncé par les prophètes (Matthieu 1.18-23). D'ailleurs, Moise même dira au peuple d'Israël dans le désert qu'après lui Dieu suscitera un grand prophète; il recommande à ce que ses paroles soient gardées, afin de vivre réellement la vraie vie. Ce Jésus de Nazareth, devait être un modèle parfait, puisqu'il est né dans la lignée spécifiée par Dieu (Genèse 22.18; 1Chroniques 17.11; Matthieu1.1). Le jour de son baptême au Jourdain, le ciel viendra confirmer la révélation du Fils de Dieu.

En fait, dans l'exercice de la conduite humaine, les potentiels innés font surface pour se marier aux réalités cosmiques. Certains naissent serviteur de Dieu ou soit leader. Ils savent se surpasser dans le but de conduire le peuple de Dieu au bon port. Ils le font et le feront sans effort parce qu'ils ont cet esprit de la gérance de hommes dans le sang (Jérémie 1.5); d'autre, par contre, à force de rester au pied d'un leader apprennent à le servir, imitent faits et gestes du père spirituel, puis sous l'effet de l'obéissance à Dieu, deviennent aguerris.

Existe-t-il encore des hommes dans ce monde dont les dispositions du cœur restent prêtes à obéir à quelqu'un sans connaitre ses intentions? Il faut être

fou pour montrer une pleine confiance en une telle personne. C'est-ce que fit Abraham avec Dieu, et par la suite des événements, il deviendra, le père de la multitude. Citons aussi le cas de Josué auprès de Moise. Oui, il est vrai, qu'avec le temps, le Saint-Esprit nous oriente à maitriser nos talents latents, pour découvrir en fin les rouages du leadership.
Le serviteur de Dieu qui se retrouve à la tête d'une communauté chrétienne, s'évertuera au travers des sermons, à bénir les enfants de Dieu; à prophétiser sur leur vie. Outre, son onction reçu du Seigneur pour le ministère, ne se manifestera que sur des hommes qui l'aime, l'apprécient et le soutiennent dans ces convictions. Est-il nécessaire de bénir ou de prophétiser ? Pour tout Leader, ayant le ciel est ouvert au-dessus de lui (2 Rois 8.52; Matthieu 3.16-17), le ministère prophétique, comme autre exercice ministériel tel que la délivrance, la guérison biblique,… sont capitales; car, Dieu dote son serviteur d'une grâce particulière, selon les limites de la force de l'esprit de l'homme appelé à agir au nom de JESUS.

Notre Seigneur et Sauveur Jésus-Christ, durant son ministère terrestre a réalisé bon nombre de prophéties biblique. En venant sur terre, il ne s'est pas autoproclamé Messie. Il n'a pas non plus été nommé par des humains imparfaits pour accomplir la volonté divine. D'où, le serviteur de Dieu ne devrait jamais s'autoproclamer pasteur ou se coller un titre pompeux; exemple bishop, archibishop, général, etc. Laissons Dieu conduire les choses comme bon lui semble. Bannissons les désirs de la chaire et donnons place à l'Esprit de Dieu d'opérer les miracles.

Le miracle! Ce mot résonne beaucoup dans les couloirs de nos assemblées, désirant voir un changement brusque arrivé: une intervention de l'Altissimo (3), dans les moments de détresse. Nous, nous parlons du miracle de la repentance, de laquelle l'action se produit dans le cœur, ôte les semences du péché et transforme la nature intrinsèque de l'homme, pour l'emmener à aimer et jouir des biens spirituels. Après quoi, Dieu fait son choix. Appelle son élu et lui donne des directives de façon à être puissant et efficace dans l'œuvre du ministère.

Dieu t'à-t-il réellement appelé à le servir? As-tu connu la repentance? Connais-tu ta mission? As-tu une vision précise pour ton ministère? Toi, qui prétends être serviteur de Dieu. Ecoute cette vérité: l'appel de Jésus-Christ s'est passé par la sonnette du jeune. Il savait que la seule manière de commencer son grand ministère reposait sur l'onction qui provient du jeune. Il jeuna quarante jours, parce que le Saint-Esprit le conduisit dans le désert (Marc 1.12). De là, je comprends que tout appel au service efficace, transite par le chemin du désert, lieu de prédilection pour s'exercer au combat et à la bataille. Dans cette terre inculte, aride, pleine de fosses, où règnent la sécheresse et l'ombre de la mort, les chacals y font leur demeure; la présence se fait rare, sauf le cas de bande armée, qui se retranche en vue de planifier des stratégies de combat. Le désert, est ce lieu où l'on apprend à dire exactement ce qu'il faut dire; choisir soigneusement ses mots et piquer par des remarques mordantes ceux qui s'écartent de la voie de l'éternité.

Que l'honneur, la gloire et la puissance reviennent à Christ Jésus, qui vint pour représenter son Père et aussi notre Père. Il démontra la puissance du Dieu invisible. L'invisible se fit visible; l'impossible devint possible. C'est lui la gloire de Dieu dans ce monde où il a été outragé (Luc 5.32; Romains 3.23; Jean 12.47;3.17). Et toi, responsable de l'Eglise, à qui donnes-tu gloire? Recherches-tu la gloire des hommes ou celle de Dieu? Essaye un moment de faire une pause et recadre ta vision.

(3)   le très Haut, en italien.

CHAPITRE 2. LA VISION D'AVENIR

Tout leadership commence par une vision. Joseph, un jeune rêveur (Genèse 37.5-9), vit un jour ses visions se réaliser (Genèse 41.42-44). Emmené captif pendant sa jeunesse, servi à la cour de Putiphar, injustement emprisonné; les difficultés rencontrées lui serviront de tremplins vers la gloire; et, c'est uniquement en interprétant des rêves qu'il est parvenu au pouvoir. Malgré les grés de vagues, il resta ferme à la vision reçu de la part de l'Eternel: la grandeur dans la gérance des hommes. Grace à la crainte de Dieu, et une haute personnalité, il pouvait voir la main de l'Eternel agir dans sa vie (Genèse 39.20-23).

Joseph montra la vision futur: la délivrance d'Israël en Egypte pour Canaan. Au plus fort de sa gloire, il dit à ses frères: Dieu vous visitera, et vous fera partir d'ici, et vous en porterait mes os à Canaan (Genèse 50.22-25; 49.29-33). Il avait une ferme confiance à sa vision.

Aujourd'hui, la vision de l'œuvre de Dieu dans ce siècle présent comporte beaucoup de défis face à l'appétit de la consommation et de l'endettement, la surpopulation, l'émancipation de la femme, la poussée technologique, la course au pouvoir, la pauvreté, le terrorisme, le souci de gagner sa vie dans la contrefaçon. Dans ce temps qui coure, beaucoup se sont versé dans des traditions, l'occultisme, l'enchantement, la divination, la sorcellerie, la pornographie. De telles égarements conduit l'Eglise du Seigneur à adopter une certaine position et tenter de contourner le revers de la médaille, pour proposer aux enfants de Dieu de nouveau menu: nourriture solide appropriée, et rappeler la vision de la traversée du Jourdain (Canaan), puisque nous sommes de pèlerins sur la terre, profitons de notre pèlerinage avec Jésus. Affectionnons nous des choses céleste, non pour se détacher les du monde, mais pour rester éveillé, vaquer à la prière, tout en servant le Seigneur sans compromis.

Mais qu'entendons-nous par ce mot vision? La vision est la révélation qui nous dégage du poids de la condamnation. La conception des valeurs utiles pour acquérir un esprit d'ouverture. Le bagage que l'on porte avec courage et sans compromis afin d'affronter les « pharaons ». La Parole de libération qui nous rend dépendant à crier tout haut « Abba, Père ». Le renouvellement de la sagesse divine pris comme compagne pour éviter un comportement d'agitation ou léthargique, dans la conduite du troupeau de Dieu. La pierre de touche permettant d'attendre le temps de Dieu, de rechercher sa volonté et son plan de prospérité.

A vrai dire, la vision du leader montre la direction, influence la marche de la communauté. Nous lirons dans la Bible que la vision de la libération d'Israël sous la servitude Egyptienne fut donnée à Moise. Ce grand LIBERATEUR restera ferme à l'ordre reçu de l'Eternel (vision du buisson ardent - exode chapitre 3). Notre cher prophète, Moise, était un homme de la génération de quarante, qui avait un ventre toujours affamé et soif de Dieu. Montera sur une montagne (Mont Sinaï) pour voir la gloire de Dieu, expérimenté le surnaturel. C'est à cela qu'est faite la vision. La faim de gloire, le leitmotive du ministère. En d'autre terme, l'appel divin est lié à la vision divine. Si le Leader est faible (Exode 4.10-16), en tant qu'homme, Dieu rendra son leadership fort, apprécié par tous, grâce aux valeurs qu'il défend et à l'énergie intérieure de triompher devant les obstacles qui se présentent pour bloquer la vision.

Le Seigneur Jésus connaissais effectivement sa mission, et elle comportait trois phases concumitive, à savoir apporter le salut, établir son Eglise et révéler sa volonté à travers les Ecritures. En parlant du salut, on sous-entend délivrance de péché. C'est la raison première de la vision du Christ, consistant à chercher et sauver ceux sont perdus (Luc 19.10). Le salut du genre humain s'obtient seulement par le moyen de Christ. Celui qui croit en Jésus-Christ en tant que Seigneur et Sauveur est sauvé. Le livre de Romains 8. 9-11 atteste ceci :«si tu confesse de ta bouche le Seigneur Jésus, et si tu crois dans ton cœur que Dieu l'a ressuscité d'entre les morts, tu seras sauvé. Car en croyant du cœur on parvient à la justice, et en confessant de la bouche on parvient au salut, selon ce que dit l'Ecriture: quiconque croit en lui ne sera pas confus.» . Voici, Jésus- Christ se tiens à la porte de ton cœur, permet à ce qu'il entre dans ta vie, et tu verras la gloire de Dieu.

De ce qui vient d'être dit, la foi au seigneur plus quelques milligramme d'obéissance au Seigneur, représenteront pour le ministère de l'homme de Dieu, manteau dont il se revêtira dans l'arène du combat spirituel. Le mélange de la bas, la foi, la confession, la receptibilité spirituelle et le renouvellement de l'intelligence laissera le leader ouvert à l'action du Saint-Esprit, de manière à refouler la routine et éviter de devenir prisonnier de ses programmes. D'autant plus que c'est la vision donnée par Dieu qui détermine la vie de l'église locale, influence toute façon d'être, d'agir, ou de parler, dormir, manger ou prier.

Pour cela, la vision du Leader devra apportée la motivation nécessaire, en précisant des vraies valeurs, de bonnes bases pour sa durée. C'est dans la Bible qu'on puise la richesse de la vision. D'ailleurs, les hommes comme PIERRE, JEAN, JACQUES, témoins fidèle au message du salut, ce sont accrochés à la vision du Christ; dans la perspective de retrouver leur identité, c'est-à-dire le vrai sens de la vie. Pourtant, ils ont sans cesse cherchés à approfondir la relation avec le Seigneur: clé de la réussite d'un ministère. En outre, la Bible renferme la politique à la survie et à la durée d'une vision. Elle facilite le dialogue de la longévité entre la vision du leader et la volonté de Dieu. Pour déterminer les tours, les détours et les contours de la vision d'une société chrétienne, le leader doit laisser l'Auteur de la Parole d'agir pleinement et puissamment, c'est alors que l'Eternel saura lui communiquer sa règle d'or.

Selon la démarche chrétienne, la vision ministérielle vise à imposer une certaine discipline (1 Corinthiens 9.25) en disant: «bannit la fatigue, l'orgueil et la faim ». « Demeure dans la sainteté: toi, propriété privée de Dieu. Marche, tu te reposera à la fin. Voici la terre de bénédiction, familiarise-toi à la voix de Dieu (Genèse 13.17), reconnait tes limites; que tes capacités soient au servir de ta communauté. Mais sache une chose: la vision ne nous hausse point au rang d'intouchable ou d'irrépréhensible».

Quand une vision touche le plan individuel, familial et communautaire, elle peut vite nous plonger à dépasser nos limites. La volonté et l'effort nous excitent à vivre la puissance de Dieu: pour délivrer les autres de la prison de l'âme, garder le dépôt de la connaissance, empêcher le croyant de tomber dans la fosse de destruction, dominer sur les forces de la natures
(Marc 4.39).
Par ailleurs, l'absence d'une vision (révélation) entraine la routine, la stérilité et l'aveuglement spirituel: le Leader ne sait plus voir de loin, la Cité céleste (Hébreux 11.13-16), finalité de la course chrétienne. Atteindre la Cité céleste, nous incite à renoncer à notre ego, pour se consacrer à Dieu. Abraham obéit à la voix de Dieu, se débarrassa de son passée (le pays de Hur), abandonna tous, sans regret, et suivi Yahvé. L'Auteur de la vie améliora sa condition terrestre. Il devint la source de bénédiction: celui qui rend l'air limpide pour laisser place à de sentiers nouveaux et des puits indépendant de prospérité. L'obéissance que fit Abraham, l'a vite rendu «riche en troupeau, en argent et en or». Tu désire être riche, populaire? C'est simple! Imite les pas du père de la foi. A cause également de sa générosité, il reçu la récompense: la promesse du don de la terre de Canaan et d'une innombrable postérité. Soit loué, mon Dieu! Parce que tu comble des biens tes serviteurs.

D'où, il ne faut point renoncer à sa vision, plutôt refuser tout ce qui peut entraver, nuire à sa matérialisation. Le renoncement, pris selon la Bible, ouvre la voix de la sanctification, engendre la vie d'une grande consécration à Dieu, et nous soustrait à des choses menant nulle part; car, les douleurs, l'ingratitude, les médisances, l'opposition ouverte, l'incompréhension, insulte ou contradiction constitueront toujours un blocage pour la vision, et peuvent apporter des conséquences dramatiques dans la vie du leader. Grace à notre renoncement des choses terrestre, toute les actions du leadership pourront reflétées la détermination et le sacrifice. Systématiquement la médiocrité, myopie spirituelle et léthargie n'auront plus de place. Seule la vision du Royaume de Dieu (Matthieu 6.33) prévaudra sur celle de l'Assemblée.

Cela va sans dire que la vision du Leader, dans son fond devra impérativement honorer, élever la personne de JESUS-CHRIST, tant dans une vie personnelle que d'ensemble. Au fur et à mesure que progresse la vision, le Leader s'efforcera inlassablement à être le modèle du troupeau: dans le respect aux heures du culte, dans la vie familiale; l'amour de la prière et du jeune; dispenser droitement la Parole de Dieu, former des disciples; avoir la synergie pour déceler et exercer les dons au profit de l'Assemblée.

En matière d'argent, le leader est appelé à être prudent. Les finances de l'église représentent très souvent le foyer de tension. Elles doivent être secrètement gardé, par crainte de créer de suspicions. N'avons-nous pas lu dans la Bible, que Guéhazi pris les biens de Naaman le Syrien, trompant son maitre Elysée, qui lui défendit d'accepter l'argent ? Dieu lui frappa de la lèpre. Sachons faire un bon choix sur la personne à qui confier la lourde tache de garder les finances de l'Eglise. A la différence de Guéhazi, la mission du leader reste celui de faire du bien à ses frères. Sévir sa génération. Prêcher la Parole de Dieu sans intérêt. Ne jamais arnaquer les faibles ou demander un salaire auprès de ceux qui viennent pour trouver conseil, exhortation, délivrance. Pour un morceau de pain (vaine gloire), le leader ne saura vendre l'onction de Dieu. Chose à retenir, l'aspect financier occupe une place capitale dans l'avancement de l'œuvre de Dieu, mais ne peut en aucun cas éteindre la puissance de Dieu, dans l'esprit d'un serviteur intègre.

Pour en finir, la vision nous fait sortir de l'apathie, transforme notre façon de penser et de vivre; nous conscientise à renoncer à l'existence médiocre pour gouter aux bénédictions divines, loin des prisons de l'âme, plus haut et plus loin avec JESUS-CHRIST.

CHAPITRE 3. LE RELAIS

Les premiers apôtres à etre choisis par le Seigneur Jésus, dans l'optique de la continuité, la préservation et la protection des choses céleste ici bas, furent Simon et André;Jacques et Jean. Ils avaient accès au cercle privilégié de Christ. Ils étaient considérés comme les colonnes de l'Eglise primitive. Ils n'ont pas abandonné leur Maitre, comme certain le croient. Même jusqu'à la croix, ils étaient présents. D'ailleurs, le Livres d'Apocalypse a été écrit par l'un d'eux. Dans le choix des disciples, Christ Jésus s'est orienté d'abord du coté des juifs de son temps, ensuite par sa mort et sa résurrection, il s'adresse à tous (Matthieu 28.19).

Connaissant sa mission, le Seigneur JESUS enseignera ses disciples sur ce qui concerne le Royaume des Cieux. Il a cherchait à équilibré le choix des siens en vue de l'œuvre du ministère. Dans son entourage, il avait des illettrés, des intellectuels, des riches, des pécheurs, médecin, percepteur d'impôts (Luc 6.12-17). Il les reparti de la manière suivante:
- La foule
- Le groupe de septante
- Les douze Apôtres
- les disciples en secret (Joseph d'arimathée, Nicodème)
- La classe de femme
- Les appelés de premier rang (Pierre, Jacques et Jean)

Disciple aujourd'hui, plus tard ami de Jésus, ils devaient prêcher, à l'image du Maitre «la repentance et le pardon des pechés (Luc 24.47). Cette mission est resté le cheval de bataille des Apôtres, partout où ils passaient, ils enseignaient le repentir qui précède le pardon des péchés (Luc 13.3; Matthieu 11.20-24). L'homme qui ne se repent pas périra dans ses péchés. Or, Dieu ne veut « qu'aucun ne périssent mais que tous arrivent à la repentance» (2 Pierre 3.9; Actes 17.30). Cependant, ils resteront fidèles à la vision de Jésus- Christ: etre témoins de JESUS dans le monde entier. Ils deviendront au cours de la persécution des chrétiens, les témoins de la dispensation de la grace de Dieu. Plus proches et plus surs, ils ont vu et palpés les « œuvres extraordinaires » que le Christ accomplit. De là, je comprends une chose: dans l'œuvre du ministère, la fierté d'un leader se voit au travers la compétence de ses disciples (hommes et femmes qu'il a formés pour servir Dieu) et la connaissance qu'ils possèdent.

Si nous voulons laisser une bonne continuité du travail, il nous faut etre l'exemple du troupeau que nous conduisons. A l'image du Christ qui est resté parfaitement intègre dans tout ce qu'il entreprenait. Son honnetété et sa droiture étaient telles qu'il a defié publiquement ses ennemis de présenter contre lui une accuation fondée, et ne purent le faire. Ils en ont été incapables (Jean 8.46). Son évangile n'exaltait pas l'homme (un quelconque homme de Dieu ou un ministère), aucune place à la chair. Il chassait les démons par le Saint-Esprit de Dieu (Matthieu 12.28) et non pas par des pratiques occultes. Il dépendait du Saint-Esprit pour le discernement, la direction et la puissance. Ses enseignements étaient sans hypocrisie et sincères.

Toutefois, en tant que leader, Christ a eu le temps d'enseigner et d'équiper les apôtres. Puisque le peuple de ce temps là vivait sous la philosophie (épicurisme, stoïcisme,…), et maitrisait parfaitement la loi de mosaique. Pour cette raison, les apôtres devaient suffisamment etre instruis pour contrecarrer l'action phylosophique, et annoncer pleinement la Bonne - Nouvelle du salut (Matthieu 28.20; osée 4.6; Jean 17.3, 6). Jésus était entièrement voué à Dieu. Et, manifestera un art oratoire d'exception, il arrangua les foules, l'enflammèrent par son enthousiasme: il savait parlait de plus en plus vite, fort et puissant. A ses mots, la foule, debout, se met à l'applaudir et l'acclamer sous le chemin parsemé de l'espérance.

Avant de passer le relais, il faut etre determiner d'achever l'œuvre que Dieu nous a confié, se rassurer qu'aucun n'adversaire éventuel (à l'exemple de Koré, Datham et Abiram qui s'oposèrent à Moise dans le désert) ou soi-disant démon ne viennent nous empecher d'atteindre notre but. Quand bien meme, il pourait exister des attaques (soit du dedans de l'Eglise ou du dehors), soit abandonné par un collaborateur important au sein de l'Assemblée; l'homme de Dieu restera toujours fidèle à sa vision : placer le bonheur des autres avant le sien, telle était l'attitude de Christ (Philippiens 2.4, 7). Car Jésus se souciait profondément des gens. Il était altruiste, compatissant, courageux et humble; il a fourni de la nourriture à des affamés (Jean 6.10-11); il a réconforté des déprimés (Luc 7.11-15); il a guéri des aveugles, des sourds et les malades (Matthieu 12.22; Luc 8.43-48; Jean 9.1-6). Il ne s'est pas occupé des malades au style propre des médecins qui examinent, font un diagnostic, rédigent une ordonnance, perçoivent leur honoraires, et s'en vont.

Autre personne qui se montra dévoué pour la cause des autres fut Joseph. Je voudrais m'asseoir davantage sur la vie de Joseph, simplement dans la manière où il prépara l'immigration de sa famille en Egypte. De par sa bonté, il <u>prépare</u> sa famille à demander un asile humanitaire pour être accepter (Genèse 46.31-34; 47.1-6). Non. Je veux dire ceci: un leader est tenu d'avoir de l'autorité. Savoir décider pour le bien de sa communauté. Joseph, de sa propre autorité ait convié les siens en Egypte, sans pour autant attendre l'aval de Pharaon. Il ne l'a quasi pas averti de leur arrivée. Une fois que leurs gros et petit bétail broutaient déjà l'herbe grasse du « meilleur district du pays », Goshen, il en informa Pharaon.

La dynamique de changement fait naitre sur nous la vigilance spirituelle pour penser au futur de notre entreprise. Toutes les opportunités divines susceptible à déclencher le miracle et encourager nos compagnons de service (administrateur de demain), à gravir l'échelle de qualités chrétiennes (2 Pierre 1.5-11), nous devons les reconnaitre et les saisir. L'onction de Dieu déversée sur nos vies, doit nous pousser à être appelé
- « les fils de l'exhortation », des hommes fidèles pour le rendez-vous avec le Père; se montrant dignement pasteur à l'égard des brebis (Jérémie 1.9-10,17-18; Ezéchiel 33,34);
- Disposer à travailler (Jean 13.4-5; Luc 8.1; Marc 6.30-34) et séparer ce qui est précieux de ce qui est vil, sut faire la distinction entre l'Eglise et la politique, entre le commerce et la foi (Matthieu 22.19-22; Jean 2.13-15);
- Avant chaque service, éprouvons le besoin de faire le plein du souffle d'En-Haut. Etre maitre de soi pour laisser la direction de sa vie et des siens entre les mains du Saint-Esprit: la prière demeure notre raison d'être (Marc 1.35-38), comme le seigneur Jésus -Christ, modèle parfait d'amour, qui nous a laissé un bel exemple de zèle (1 Jean 2.6).

Bref, Jésus-Christ mena sa mission, jusqu'à terme, puis se retira de la scène du ministère terrestre, tout en gloire. En récompense de sa fidelité, il reçu la royauté et l'immortalité pour les siècles de siecles.

CHAPITRE 4. **LE LEADER: SENTINELLE DE L'EGLISE**

Dans notre connaissance des choses invisibles, tout est partiel, distinct, précaire, mais servir le Seigneur dans l'œuvre du ministère recquiert du zèle, et non la paresse. Essayer de trouver un endroit de prière et un cadre saint, d'où l'on peu etre vu par Dieu, pour se placer continuellement en hauteur, de manière à bénéficier de la ferveur d'esprit (Logos-rhéma-schékinah), d'autant plus que le ministère chrétien est un travail dur. Il y en a qui croit que l'œuvre du ministère est pour ceux qui n'ont pas réussi dans la vie ou dans d'autres professions. Détrompez-vous! S'il y a une profession pénible, dangereuse qui exige de la vigilance physique, sanitaire et spirituelle, avec des dons spéciaux; c'est la vocation du ministère chrétien.

L'histoire du ministère chrétien remonte au temps des patriarches. Disons en d'autre terme, trois grandes ère biblique caractérisent la vraie religion, pure et simple. Nous avons l'ère patriarcale, l'ère mosaique et l'ère chrétienne.

A. Pendant l'ère patriarcale, Dieu se fit connaitre aux chefs des familles. Par pure grace, l'Eternel choisit Abraham, il sera vénéré à travers les siècles par les Juifs, les Arabes et les chrétiens, qui voient en lui le fondateur du monothéisme.
Je suis de l'avis, de tous ceux qui pensent ainsi. Puisque Dieu lui fit une triple promesse:
- Ses descendants deviendraient une grande nation,
- Ils recevraient ce pays en héritage (la Palestine),
- En eux seraient bénies toutes les nations de la terre (Genèse 12.2, 3,7; 18.18)

Cette promesse se réalisa, dans la vie de celui qu'on appelle aujourd'hui, Père de la foi. La foi n'est nécessaire seulement dans les mauvais jours, ni lors de la conversion. Elle rend présent l'avenir et visible l'invisible. Celui qui ne la possède pas n'est peut pas persévérer dans les choses de Dieu.

B. L'ère mosaïque met en exergue un homme du nom de Moise. Son histoire nous est racontée dans la Torah (Pentateuque) surtout dans le livre d'exode où il est présenté comme libérateur, prophète de Dieu, grand législateur et homme politique.

Sous la conduite de Moise, Israël fit alliance avec Dieu au mont Sinaï (Exode 19.5-6) et devint la propriété de Dieu; un royaume de prêtres et un peuple saint. Une chose est vraie, Moise en tant que chef de près de trois millions d'âmes, porta jour et nuit une pénible responsabilité; sans le concours de Dieu, il ne pouvait être à la hauteur de son leadership. Le Seigneur YAHVE savait que Moise avait besoin d'un plan et d'un guide céleste. C'est pourquoi il appela son serviteur hors du camp, loin des danses, vacarmes, plaintes, accusations, problèmes; pour être en sa divine présence. Là, Moise reçut de la main de Dieu, les fondements de la religion juive.

En claire, Dieu donna à Israël l'organisation et la législation. C'est-à-dire savoir organiser les ressources humaines dans différents groupes; organiser le service de culte en ayant certaines directive concernant la construction du tabernacle, son ameublement, modèle des robes de prêtres, les cérémonies d'offrandes et sacrifices comme lever le camp et se préparer à combattre. Pour ce qui est de la législation, nous citerons la promulgation de dix commandements ainsi que la promulgation des autres lois particulières qui gouvernaient la vie des Israelites, à savoir la nourriture, l'hygiène, coutumes, bonne vie et mœurs. Tous cela ne représentent que la pureté de la vie.

C. Enfin l'ère chrétienne qui s'adresse à toute l'humanité, par le sacrifice expiatoire de notre Seigneur Jésus. Sur la croix de Golgotha, l'Eglise voit le jour. Il y a presque deux mille ans que cette ère est commencée. Le retour du Christ sera l'achèvement (Hébreux 9.27-28).

Le point culminant de cette ère, c'est la prédication de la croix. La croix est le centre du christianisme. C'est là où se fonde la gloire de Dieu. Symbole de la vie à travers la mort, la lumière à travers l'obscurité, la gloire à travers la honte et la rédemption par la mort. La croix, pour certains représente la condamnation: le chômage, le célibat, la sorcellerie ou les mauvaises habitudes héritées par le sang. La croix, c'est le vaisseau sanguin du feu de Dieu, où toutes condamnations prennent fin.

Revenons à présent à la pensée de la sentinelle de l'Eglise. Plus loin, nous avons donné le but de la mission de Jésus-Christ sur terre, et nous avons énuméré trois phases de sa mission: Apporter le salut,- Etablir son Eglise,- Révéler sa volonté à travers les Ecritures. Seule la première partie a été abordé. Voyons ce qui en est de deux autres.

Le Seigneur Jésus restera et est un leader hors paire, qui a sut marquer son temps et l'histoire. Chaque fois que la science s'hasarde à dater un événement, il se refaire à l'époque du Christ, dans ce mot: 300 ans avant Jésus-Christ ou 300 ans après Jésus-Christ. Il est un cadre de référence pour l'humanité entière. Nous croyons sincèrement qu'il vint sur cette terre pécheresse pour établir son Eglise, appeler ceux qui sont perdu, les sauver et les donner la vie éternelle. Tout ceux qui l'acceptent personnellement dans leur vie, deviennent enfant de Dieu. Ils sont « couvert par son sang précieux »et se rattache à son corps.

L'Eglise de Jésus, c'est la famille de Dieu où l'on retrouve un peuple mis à part, saint, choisi pour appartenir en propre à Dieu. C'est aussi un ensemble des sauvés, une famille en communion; un royaume de serviteurs; un temple d'adoration; une nation sainte. Elle se compose de personnes mortels (Matthieu 18.20) et non des anges ni d'un édifice matériel. Un homme de Dieu dira à cet effet: « s'il nous est possible de faire un jouet ou une poupée, il est en revanche impossible de fabriquer un homme. L'Eglise est un homme réel; personne ne peut la fabriquer. Elle doit être issue d'une nouvelle naissance dans l'esprit et de la croissance dans la vie en Christ (1).

Elle ne peut vivre selon une vision humaine, formule ou organisation quelconque. Elle doit simplement être pour tout pasteur le corps du Christ se manifestant dans tout l'être (esprit, âme et corps) de l'homme, marchant vers son éternité.

Pour ce qui est de révélation de la volonté du Seigneur: LOGOS, décrivant la Parole de Dieu (Jean 1.1), le mot le plus important qui revient à chaque fois dans les Ecritures, c'est le <u>Salut</u> (du genre humain que nous sommes). Pour en avoir connaissance, il faut se nourrir de sa Parole. Pour le servir, il faut que sa Parole soit liée autour du cou comme une perle, inscrit sur la table de son cœur pour en faire le délice de sa vie.

(1) Witness LEE; l'<u>économie de Dieu</u>, p.217

Les Ecritures nous éclairent, apportent cette lumière dont nous avons besoin pour marcher sereinement dans ce monde de péché. A force de la méditer, on devient ennemi du péché, de la même façon qu'Elie, le prophète avait horreur du péché. Le péché est une blessure, une atteinte à l'intégrité; détruit la pureté de l'âme; aveugle les yeux de clairvoyants (les hommes de bon sens); étouffe les vertus chrétiennes.

Et, quand on marche selon ce qui est écrit dans les Saintes Ecritures, tous nuages de la sorcellerie, malédiction ou condamnation viennent à se dissiper, et nous recevons la direction divine, d'autant plus que la Bible constitue pour nous, les chrétiens, une arme défensive; un instrument qui sonde les intentions; une force donnant la vie; un marteau brisant tout sur son passage. Elles authentifient la divinité de Christ, donnent de l'espérance et nous présentent la vie ou la mort.

A la lumière de ce qui précède, le but de la mission du Christ fut la recherche du bien des autres, le salut de l'humanité, la bénédiction, la paix avec tous

(Esaie 61.1-3).

Au fait, en parlant de la mission, permettez-moi de soulever la question du champ d'action. De nos jours, quelque leader fait d'un champ de mission précis leur objectif, oubliant le Maitre de la mission. Autrement dit, ils s'intéressent plus à l'œuvre de Dieu et mettent de coté Dieu de l'œuvre. Ils vont jusqu'à faire un choix sur la terre de mission. La vérité, c'est que nous n'avons pas le droit de décider d'un objectif quel qu'il soit. Christ Jésus n'a guère imposé son champ de mission à Dieu, le Père. Il a exécuté la volonté du Père.

La volonté de Dieu, moi je l'appelle dans mon langage «direction divine». Elle concerne ce qu'il faut faire ou ne pas faire, pour plaire (ou honorer) à Dieu. La communion avec le Seigneur est considérée comme une boussole visant à montrer le bon chemin à suivre pour atteindre la perfection de l'esprit. La direction divine fait évoluer l'homme dans la recherche de l'édification mutuelle et le salut des autres. Bien que, chacun marche suivant les pas de sa destinée, une chose est certaine, on ne peut empreinter plusieurs chemins à la fois, ou chercher de voies défournées (raccourci) pour atteindre la montagne de Sion. Si on ne prend pas garde, un lion peut surgir sur notre chemin et nous dévorer (1 Rois 13.11-32).

Quel que soit nos talents ou vertus, Dieu a des critères totalement différents des nôtres. Nous avons une manière assez bizarre, nous les hommes, celui de marcher selon la vue. On considère une personne ou un serviteur de Dieu par rapport à son avoirs, bien matériels, et nous appliquons son utilité à ses talents ou au don qu'il possède. Notre Dieu, évalue l'homme intérieur. Ecoutez bien! Un talent (ou une vision) donné par Dieu ne doit jamais devenir un but en soi, pas même en relation avec le service pour Dieu. Il faudrait qu'il y ait une nette connaissance du Dieu de l'œuvre, en relation à l'œuvre de Dieu.

Prenons le cas d'Eli, sa manière de se vêtir était caractérisé par de poil; il avait une ceinture de cuir autour des reins. Puissant en parole et en œuvre, il n'avait de crainte pour aucun mortel sur la surface de la terre (1 Rois 17.20-22; 18.36-38; Jacques 5.17), mais manquant des biens matériels; c'est-à-dire il n'était pas riche. Comme Eli, il y a des hommes de Dieu qui prient, malheureusement ne possédant pas les mêmes conditions sociales que les autres membres de l'Eglise. Ils manquent bien des choses: un travail stable, une voiture pour ses déplacements, de la nourriture, des vêtements,… pourquoi cela? Je ne sais pas et je crois pas qu'il s'agirait des liens ou des blocages. En réalité, les prières de ces hommes sont exhaussées. C'est une facette de la direction divine, qui consiste à nous conduire vers le ciel avec un semblant de manquement, déposé sur un grenier rempli de pain de réserve, vu que le chemin de foi s'avère long et pénible. D'où, avec un grain de ténacité, le Seigneur nous libère de nos difficultés matériels ou financiers pour nous bénir puissamment.

De là, nous comprenons que le message du leader, en tant que sentinelle de l'Eglise devrait être centré sur le pardon (Marc 12.37; Luc 15.1); l'espoir (Matthieu 12.12); Jésus Christ ressuscité. Parle aussi de la complexité des choses mondaine, parce qu'il touche la vie sur tous les plans, depuis le contrôle de la volonté et de la conduite. Outre, mettre l'accent sur l'humilité et refuser la satisfaction de tout intérêt personnel.
Etre objectif dans ce que l'on fait. Inutile de lancer les quolibets aux autres dans ses discours. Prêchons Jésus et Jésus Christ ressuscité, pour éviter de corriger, de modifier ou d'atténuer quoi que ce soit de ce qui fait notre personnalité d'homme de Dieu. Et, tachons de mettre en pratique ce que nous prêchons (Matthieu 8.29). N'imaginons pas que les enfants de Dieu qu'on conduit sont nos sujets. Personne n'a le droit de soutirer leurs avoir par le truchement de la prédication ou soutenir un vol biblique, en l'appuyant par un verset de la Bible.

La Bible n'est pas un livre de science,... Elle porte l'empreinte de Celui qui l'a inspirée: poussés par le Saint-Esprit, des hommes ont parlé de la part de Dieu. Que dire de l'influence extraordinaire de la Bible dans tous les domaines? Elle a marqué notre civilisation. (…) Elle est comme un miroir qui nous montre ce que nous sommes réellement. C'est par l'effet qu'elle produit qu'elle montre sa force (Actes 19.20). Mais lorsqu'elle est sérieusement étudiée, méditée, et surtout crue et mise en pratique, elle produit son action salutaire dans les individus (3).

Vu la mutabilité de choses terrestre, le caractère sacré et eternel de la Bible, doit stimuler tout leader, jours après jours de trouver ce qui est nouveau, puissant et bénéfique pour l'Assemblée de Dieu, de manière à laisser la place au Saint-Esprit pour toucher et transformer les cœurs et les vies des hommes et des femmes, désirant servir le Seigneur dans la véracité et l'intégrité. L'intégrité ne veut dire pas de compromis. Le vrai chrétien est celui qui ne fait pas de compromis (Jérémie 51.45; Apocalypse 18.4), sa relation avec Dieu est caractérisée par l'amour, la confiance et la fidélité. Quand ces éléments font défaut, la Bible parle symboliquement d'adultère ou d'immoralité.

Je ne pourrais clore ce chapitre sans pourtant souligner le renouvellement de l'onction qu'Eli, le prophète avait reçu, dans sa recherche de la direction divine. Fuyant les menaces de mort de Jézabel, épouse d'Achab; Dieu lui donnera du pain pour retrouver de forces et de l'eau pour étancher sa soif. Qu'est que cela veut dire? C'est simplement dans la prière que l'on se ressource et on devient guerrier, courageux, violent et très fort. Chemin faisant, Eli sera de nouveau nourri à trois reprises par des <u>provisions divines:</u> a) par des corbeaux (1 Rois 17.6); b) l'accroissement miraculeux des provisions de la veuve (1 Rois 17.15); c) par un ange (1 Rois 19.5-8). Dieu l'a fait pour nous enseigner une vérité importante: en de détresse, chose qui se présente parfois dans nos vie, l'Eternel lui-même suscitera des hommes qui nous donnerons un coup de main. Ils peuvent être des païens, des hommes démunis partageant avec nous ce qui les reste, ou soit des croyants convertis. Ne jamais tronquer l'histoire ou duper les gens en disant: « Dieu a mis tels frères à mes cotes pour me servir financièrement ». C'est de l'arnaque. Un tel aveu peut nous plonger dans la prison de l'âme.

Enfin, la dernière dimension, c'est le retour au travail de ses propres mains. Dans l'œuvre du ministère, le leader est appelé à lire les actes de Paul, en tant que leader, il n'a pas été à la charge de ceux qui il exerça son ministère. Il ne vivait pas des offrandes ou des dimes de l'Eglise. Grace à l'œuvre de ses mains, il subvenait à ses besoins. Bien entendu, il reconnait aux prédicateurs le droit de vivre du fruit de son ministère (Actes 18.3; 20.24; 1 Corinthiens 4.12; 9.6). Que le Seigneur bénisse tous leader d'église, au nom de Jésus-Christ. Amen.

(3) La Bonne Semence - 30 rue Chateauvert BP 335 26003 VALENCE CEDEX (14/9).

CHAPITRE 5. LE VRAI SERVICE

« Je crois maintenant que les luttes, les efforts, les affirmations, l'attente de jours meilleurs, ne sont pas le vrai moyen de parvenir au bonheur, à la sainteté, à une vie utile. Le plus saint est celui qui possède le mieux Christ au-dedans de lui et qui se réjouit le plus complètement dans son œuvre accomplie. (…). Il ne s'agit pas de lutter pour la foi, mais de regarder à celui qui seul est fidèle, et de lui faire entièrement confiance. N'a-t-il pas promis de demeurer avec moi, de ne jamais m'abandonner? Ne croyons pas que cette expérience, ces vérités, soient réservées à une minorité. Elles sont pour chaque enfant de Dieu. La seule puissance pour la délivrance du péché ou pour le vrai service, c'est Jésus Christ ». Extrait d'un important échange de correspondance de HUDSON Taylor, un des premiers missionnaires chrétiens à pénétrer en Chine en 1854.

Nous sommes sauvés pour servir à la gloire de Dieu. Nous devons savoir qu'une fois nous avons accepté Christ dans notre vie, nous avons déclaré la guerre contre le mode des ténèbres. Nous sommes entrés dans un combat spirituel. D'ailleurs, dans les Ecritures, on lira plusieurs confrontations de Jésus Christ avec les démons (Marc 1.22-28).

Dans ce monde (sur le plan spirituel), il existe deux royaume opposés, qui s'affronte pour tirer l'homme de son coté: le royaume de Dieu et celui de Satan. La royauté divine est éternelle, elle dure pour toujours. Le Roi de gloires possède tout pouvoirs dans les cieux comme sur terre; il règne dans les cieux, domines sur tous les royaumes de la terre, aucune nations de la terre ou forces du mal peuvent l'affronter. Car, en son nom tous genoux fléchi et toute langue confesse que Jésus Christ est Sauveur. L'Eternel des armées est ce Roi de gloires, son souci pour le genre humain est que tous parviennent à la connaissance de la vérité et soient sauvé, en la personne de Jésus Christ.
Par contre, le royaume des ténèbres ne vise qu'une chose: la mort, l'échec, le chaos, la malédiction, la perdition, l'égarement. L'évangile de Jean résume le mieux l'objectif que s'est assigné ce royaume: destruction, dérober et égorger (Jean 10.10).

Le service de Dieu comporte deux phases corolaire: l'évangélisation et l'intercession, constituant le poumon de l'Eglise. Le ministère de l'évangélisation inclut aussi la faculté de chasser les démons et d'opérer des guérisons, par la puissance du nom de Jésus Christ. Le fait de chasser les démons démontre que le Seigneur Jésus est au-dessus de tout; preuve de la victoire du royaume de Dieu sur celui de Satan (Matthieu 12.28).

Si on fait un recul du temps, on se rendra compte que l'ère mosaïque ne connurent point le ministère de la délivrance, comme cela se fait aujourd'hui. Nous ne disons pas que Dieu, à l'époque n'opéra guère des délivrances pour son peuple Israël,- il le fit, à maintes fois. Mais, il y a une autre nuance concernant le ministère de la délivrance, exercée par l'homme de Dieu. Laquelle? Tout laisse à croire que l'attente de la révélation du Fils de l'homme avait limité, d'une certaine manière, la sphère de la puissance des prophètes, et donnant l'accès à l'aiguillon de la mort de frapper même les prophètes, descendant à la fin de leur jours dans le shéol. Et, lorsque Jésus (ou un pasteur) chasse les démons, il fait un pas de plus, par rapport à l'Ancien Testament.

En lisant la Bible, on pourrait facilement se rendre compte que les prophètes de l'Ancien Testament ont accomplis bien des miracles: guérison des malades, résurrection des morts,... démontrant la puissance du royaume de Dieu sur le Diable. S'agissant de lier les démons, il n'est jamais fait mention d'un seul d'entr'eux, ayant chassé un démon. Cela était réservé à Jésus, qui, en tant qu'un médecin de l'âme, s'occupait de déloger le démon qui tourmente l'homme et non pas condamner ou juger la personne habité par le démon.

Au final, tous ceux qui ont reçu l'appel à servir dans l'œuvre du ministère peuvent, aussi expérimenter, la puissance du nom de Jésus sur les démons, qui agitent la vie des enfants de Dieu. Ce n'est pas l'exclusivité d'une élite théologique, comme d'aucuns pourront le penser.

1. L'APPEL

Cette partie de notre travail évoque la responsabilité du pasteur qui édifie l'assemblée, d'autant plus que l'œuvre de Dieu est appréhendé comme un champ de culture agricole. Chaque ouvrier à une activité à accomplir. L'Eglise, image d'un édifice spirituelle doit s'attacher à former Christ dans l'être humain: édifier les âmes nouvellement venues à Christ, en leur présentant ce qu'est la réellement la justice de Dieu (l'or); insister sur le fait de la rédemption (l'argent), et exalter la gloire infinie de notre Seigneur et Sauveur Jésus Christ de Nazareth.

Autre chose à insister, le caractère particulier à accorder au ministère de la délivrance. Ceux qui travaillent pour l'avancement du royaume de Dieu, sont appelé à étudier et comprendre le mieux possible la nature et les activités démoniaques. Je ne dis pas qu'on doit être spécialiste sur les questions de la démonologie. Plutôt, il est indispensable à un leader d'église locale et à toute l'assemblée de Dieu, d'avoir la connaissance de stratégies et des attaques satanique de tout genre, dont les chrétiens font face, chaque jour, dans la course vers l'éternité.

Gloire soit rendue à Dieu; car, au nom de Jésus Christ, et à cause du sang précieux, versé à la croix, nous sommes plus que vainqueur. Nous avons la victoire sur le Diable (et les démons), sur le péché, le sexe, l'argent, la chair, le monde. Nous ne combattons pas pour la victoire, nous combattons dans la victoire. Merci, Saint-Esprit de Dieu.

Les conditions de l'appel à de Dieu pour le servir restent très claires: l'Eternel appela Abraham pour le servir, et lui dit: « ☐ va-t'en de ton pays et de ta postérité… ☐ ». Il abandonna ses propres droits (Genèse 11-12). Chose incroyable pour un serviteur de Dieu: Abraham accepta de vivre dans la polygamie, en marge de la volonté de Dieu, à cause de la stérilité de sa femme. Malgré l'erreur de celui-ci, Dieu se plait à couvrir ses faux pas, et retient de sa vie ce qui le glorifie et la foi seule peut le glorifier.

Dans l'œuvre du ministère, les qualités spirituelles, morales et pratiques interviennent pour nous aider dans l'organisation, l'instauration une ligne de conduite, savoir réfuter l'erreur, condamner les contredisant parmi les enfants de Dieu et dans tout le monde.

Tous leader qui désir réussir dans le champ de Dieu doit, à priori s'ouvrir à la plénitude de l'Esprit. S'attendre à Dieu, rien qu'à Dieu, par une franche collaboration. Le Saint-Esprit voit nos besoins, mieux que nous, et augmente notre capacité de frappe pour chasser les démons: d'être libre. Je le répète encore une fois: nous sommes vainqueurs en Jésus Christ sur toute la puissance du mal. Mais, notre victoire dépend de la façon dont nous sommes conduit par le Saint-Esprit; et, de la manière au quelle nous avons opté de servir Dieu au sein d'une église locale (soit cela se déroule sous le vent de la grâce divine, soit nous le louons avec les jougs de la loi ou soit la révélation régit notre coopération avec Dieu).

Dans l'évangile de Jean, chapitre sept, verset trois, la Bible déclare: « ☐or, la vie éternelle, c'est qu'ils te connaissent, toi, le seul vrai Dieu, et celui que tu as envoyé, Jésus-Christ ☐ ». Quand Dieu nous tire des sombres carrières du monde, où règne le péché, c'est pour être son peuple et former une famille spirituelle, qui est l'Eglise. Pour servir, alors ce Dieu là d'amour, il faut le connaitre.

Ce faisant, l'appel de Dieu au service implique la connaissance profonde de

Dieu. Connaitre Dieu, c'est naitre de nouveau avec Christ et lui ressembler. Nous verrons des hommes comme Mechak, Chadrak et Abednego n'avoir pas peur d'entrer dans la fournaise ardente (Daniel 3.25-28) simplement, parce qu'ils connaissaient la personne en qui ils ont donné leur vie: l'Eternel Dieu (Jésus-Christ), lui seul est capable de les délivrés de la mort.

Le chemin de la connaissance comporte trois phases successives: (1) l'appel, où nous voyons la nouvelle naissance. (2) la préparation, en vue d'être imbiber du parfum de l'onction de Dieu. (3) le service, la concrétisation des efforts spirituels.

Il en va de même pour la vie de Moise, ce grand libérateur, qui vécut pendant cent vingt ans, subdivisé en trois étapes de quarante ans chacune, correspondant à l'appel (quarante ans dans la maison de pharaon); la préparation (quarante ans chez le prêtre de Madian Jéthro, qui deviendra plus tard son beau-père); le service (quarante ans dans la conduite du peuple d'Israël en pèlerinage dans le désert.

Le leadership dans l'Eglise nous pousse à vérifier, à authentifier ou statuer sur la véracité de l'appel de Dieu. En tant que communauté chrétienne, nous sommes dans le devoir de chercher et de trouver ceux qui sont perdu, pour les ramener à la lumière de Christ. Nonobstant nos diversités culturelles et nos barrières linguistique; l'Eglise forme un seul corps (Ephésiens 4.4-6). D'où, que ce soit le nouveau appelé ou l'ancien, tous ensemble, il nous faut vivre et s'attacher à la même «▢foi▢», les mêmes vérités biblique, accepter d'être baptisé au nom de JESUS-CHRIST, et adorer qu'un seul Dieu: JESUS.

Pourquoi le leader doit-il considéré <u>comment</u>, et non pas <u>combien</u> d'âme se sont convertis? Lorsque nous amenons une âme à Christ, le responsable de l'église devrait s'assurer que le salut a été authentique; c'est-à-dire aucun événement émotionnel n'a concouru à la conversion. De fois, du fait de voir un miracle, par exemple, les hommes croient facilement, sans se poser de questions. Et, profitent de l'occasion pour donner leur vie à Jésus. Souvent une telle conversion accouche d'un mort-né, dans le cas d'exception, un prématuré.

S'intéressé de la manière dont édifier l'église locale, sur le fondement unique et impérissable: Jésus-Christ, boostera le leader à rappeler aux siens, que la conversion implique l'intelligence, la volonté et le sentiment; car, le vrai appel à toujours eu un point de départ référenciel (heure, jour, circonstance). Sans rien y changé, la vie de Paul, l'apôtre des gentils, a été émaillé par un vrai salut. Partout où il passait, il évoque sa rencontre avec Jésus, sur le chemin de damas et la mission qu'il reçut ledit jour. Le vrai salut, c'est celui-ci. Il provient du fond du cœur de la personne, après délibération.

Une fois le nouveau chrétien est ajouté à l'Eglise, le leader (pasteur et anciens) doit amener cette âme à la maturité chrétienne. De prime à bord le faire réaliser que l'Eglise est un corps,- le corps à travers lequel le Christ, jusqu'à ce qu'il retourne sur la terre, à la fin des temps, vit et agit dans le monde. Sa mort, sa résurrection et son ascension passe en premier lieu. L'aimer de tout son cœur et chercher la vérité pour le ressembler, en fait et geste doit être le rythme saccadé de notre ministère. A l'image de l'apôtre Pierre, lors de l'arrestation de JESUS, fut reconnu l'un de serviteur du Christ, de par son parler, sa tenue vestimentaire et autre, similaire à celui de Jésus; quand bien même il le renia. Toutefois, sa nouvelle nature en Christ, il ne pouvait le cachée (Matthieu 26.69-75).

Dernière chose à indiquer avant d'aborder la question de la préparation: l'église locale n'est pas dans l'obligation de proclamer haut et fort, ses propres vertus, d'énoncer les grandes lignes de sa vision, avec précision remarquable. Non! Ce qui doit avoir plus d'importance, c'est d'annoncer les vertus de celui qui nous a retiré des ténèbres, et nous a transporté dans son admirable royaume des lumières: JESUS-CHRIST.

2. PREPARATION

La préparation se fait en deux phases. Il y a <u>la préparation éloignée</u> consistant à ordonner ses pensées à son travail. On peut ne peut se prendre n'importe comment; il faut savoir à quoi aboutira son appel. Une vérité de la foi révélée ou une pensée d'un leader quelconque peut toujours inspiré. <u>La préparation immédiate</u>, c'est celle qui se déroule sous les pieds de son pasteur.

Comme nous l'avons dit précédemment, le dirigeant d'une communauté chrétienne ne doit pas prôner les valeurs de sa vision, et en faire une doctrine. La seule base de notre message concerne l'œuvre du salut, accompli par CHRIST. Par lui, nous nous efforçons à comprendre la vérité, à la vivre pour être affranchi (Jean 8.32-36).
Dans la course chrétienne, la préparation aux réalités spirituelles concernant les voies de Dieu et les stratégies du royaume des ténèbres s'avère utile, en vue d'être efficace pour le service de Dieu.

La préparation est une étape clé dans la vie chrétienne; car, elle nous ouvre les yeux au sujet de notre origine, elle met à nue notre personnalité humaine où les démons ont eut accès et continuent d'agir suite aux influences prénatales négatives, telles que la dédicace aux esprits, la consécration dans l'occultisme, les fausses religions. Il se pourrait que l'on est encore prisonnier dans la prison de la pauvreté, de l'échec, de la limitation, du célibat, du aux malédictions prononcées et des mauvais sorts. D'où, besoin de passer au four de la prière de délivrance.

Cette étape est nécessaire, dans la mesure où le produit bruit (le chrétien) appelé par Dieu doit subir la toilette spirituelle, sous la puissance du Saint-Esprit de Dieu. Parce que l'on ne peut pas servir Dieu tout en ayant de fardeau de coutume, de tradition, de magie et de la condamnation; hérités de nos familles. On risquerait de contaminer les autres. Si le chrétien ne s'approvisionne pas des armes spirituels et ne revêt la puissance divine, il pourrait sans doute, devenir un canal à influence satanique, bien qu'il pourrait diriger une église locale. Imaginez un peu les conséquences. Quelle catastrophe!

En fait, ici le Saint-Esprit vient nous prendre en charge, dans le but de renverser, détruire et briser tous les autels de la méchanceté, où certaines parties de notre corps se retrouvaient dédiés, consacrés aux démons. Il nous libère alors, des liens démoniaque, de tout implication consciente et inconsciente dans l'occultisme et l'idolâtrie; la sorcellerie et les fausses religions, dont les activités sont multiples. Citons à titre exemplatif, la divination, l'astrologie, la cartomancie, le spiritisme.

La préparation nous conduit à la connaissance et à la libération. Quand on marche sur le chemin, le Saint-Esprit exerce sur nous le ministère de la bénédiction et du rafraichissement spirituel. Cependant, le nouveau chrétien sort de l'état d'ignorance, qui peut être liée aux fausses religions: promettant la paix et la sécurité, l'élévation, la domination d'une certaine race des hommes, la puissance financière, l'illumination intérieure, l'accès à Dieu par des moyens occultes. C'est pourquoi le leader d'une église locale doit avoir à l'esprit cette réalité de chose, et programmer une série de formation pour enseigner l'église, faire ensuite la prière de délivrance pour que tous prisonnier spirituel soit libre et parviennent au zèle intelligent.

De plus, pour ne plus être esclave de celui par qui on est vaincu, et de parvenir à la prospérité de l'âme d'abord et à tous égards par la suite (Esaie 49.24-25; 3 Jean 2; Jean 8.36), on doit se repentir. Confesser nos fautes, détruire tous amulettes, livres, bagues ou talisman en relation avec l'occultisme et les fausses religions: qui offrent tant de connaissance ésotérique à une clase privilégiées et prétendent que l'homme est dieu.
Au reste, la phase de préparation nous aide à couper les liens démoniaques, des chaines Ina avouable de ténèbres, affectant notre raisonnement, pensées, attitude et mode de vie.

3. ESCLAVE DE LA JUSTICE

Certaines personnes croient que l'œuvre de Dieu est faite pour ceux qui ont échoués dans la vie. Ils s'imaginent faire fortune, pourquoi ne pas, faire carrière. En venant à Jésus, il est un simple frère (ou sœur en christ), comme tout le monde composant la famille de Dieu; quelque mois après, sous un tonnerre de vision nocturne, il monte de grade, sans raison apparente et devient évangéliste, puis saute au titre de pasteur. Le lendemain il se proclame prophète, et à la fin, il cherche un titre glorieux celui par exemple d'archibishop, générale, prophète des nations, le messager du temps de la fin,…

S'il vous plait! Arrêter. N'appréhendons pas le travail de Dieu de cette manière. Servir Dieu se réalise au prix des souffrances, d'abnégations et des combats. La violence, le dur labeur, les difficultés et les pressions internes au sein de l'Assemblée, donnent sens au mot esclave de la justice (celui qui sert Dieu avec hardiesse et qui sert les autres étant maitre de soi, possédant une mentalité de vainqueur, et qui se dit être prêt à mourir pour l'évangile du salut en Christ (Actes 1.8). Esclave de la justice, c'est la personne qui a à cœur l'œuvre du Seigneur. L'amour qu'il éprouve pour sa femme et ses enfants devra être plus pour le Seigneur. Car, plus cet amour est grand, plus grand est le dévouement.

Ici, il s'agit de l'aboutissement des efforts déployés lors de formation théorique, pour nous amener à la prospérité de l'âme. Le leader et l'assemblée se plonge dans la pragmatique, au sein même d'une commission ou département. Certes, dans l'église locale il y beaucoup des spectateurs et plusieurs voulant porter la Parole de Dieu. Alors, le rôle du leader en ce moment, serait de ventiler les choses, en éliminant les frères faibles (fainéants), les disposer dans des groupes tes que protocole, l'intercession, etc.

En revanche, dans l'assemblée de Dieu, tous n'ont pas le même zèle. Certains sont des membres vivants (actifs, parce qu'ils participent au progrès de l'église), d'autre par contre sont inactifs: des membres paralysés, inertes comme une brouette qui veulent qu'on les pousse à chaque fois. Le leader doit savoir réduire l'écart. Donner des ordres pour la bonne marche de l'église, de manière à supprimer le plus possible, le nombre des membres inactifs, en leur accordant de responsabilités en commission ou en cellule; bien sur, il devra l'épauler par un frère expérimenté pour éviter la dérive.
Ces chrétiens inactifs ont besoin de kinésithérapie spirituelle. Quand bien même, ils seront guéris et actifs, le leader s'évertuera à poursuivre son travail (faire un suivi continu), dans le but de contrôler le rendement de ceux-ci,

dans l'église du Seigneur. Au fait, on s'assure qu'ils ne font plus de choses qui les plaisent, facile ou agréable, évitant toute vie de sacrifice.

La marche chrétienne nous recommande à accepter de monter plus haut avec Seigneur, sur la montagne; lui être disposé, c'est-à-dire donner de son temps et sa force, malgré les désagréments et les contraintes de la vie. Servir Dieu sous-entend relever le défis, persévérer dans les difficultés, accomplir ce qu'on croit être la volonté de Dieu et accepter la vie de sacrifice (dans les prières, les veilles et les jeunes).
Aujourd'hui, le Seigneur nous invite à le servir. Non avec intérêt, non avec de titre plein de faste ostentatoire, dans l'idée de se démarquer des autres, mais plutôt rester attacher, soumis à la vision du Christ: notre modèle parfait.

Que pouvons-nous dire encore sur ce sujet? Dans le bar du vrai service, le leader que nous sommes devrions aimer inlassablement de sonder les Ecritures. Il est impérieux d'entrer dans les eaux profondes de la Parole de Dieu (Jean 5.22); de la méditer jour et nuit (Josué 1.8); d'expliquer les réalités spirituelles à des hommes faits (1 corinthiens 2.13), et d'essayer, par la prière, à mettre en pratique ce que l'on apprit et ce que l'on prêche. C'est par la vie de jeune et de prière que l'impossible devient possible.
Et, pourquoi le jeune? Parce que c'est le signe de notre faim intérieure de Dieu et d'un esprit assoiffé de connaitre la pluie qui amènera la récolte. Chrétien que nous sommes, plein feu dans la vie de jeune afin d'obtenir de l'assurance et la force dans le combat spirituel.

L'homme de Dieu qui mène une vie de sanctification, dans le jeune et la prière; croit aussi fermement à la prière de ses frères et sœurs, pourra jouir de l'Eternel la puissance et l'Efficacité dans l'œuvre du ministère. A l'exemple de Paul, l'apôtre des Gentils, il avait confiance dans les prières des ses frères. Il sentait que les prières des siens (les croyants) exerçaient une force inaltérable de son service pour CHRIST. De ce fait, les prières, que ce soit celle d'intercession, dans nos assemblées devraient être d'éléments essentiel et décisif pour la survie et la continuité de la vision du leader.

Le vrai service, dans la course spirituel nous conduit à abandonner notre égocentrisme et adopter un style de vie discipliné. S'écarter devant tout ce qui nous empêcher de vivre une vie pleinement consacrée à Dieu (1 Corinthiens 9.26-29; Galates 5.22-23). Surtout reconnaitre que nous sommes des instruments inutiles entre les mains de l'Eternel. Ne point se vanter de miracles ou d'une intervention divine, accompli dans la vie d'un membre de l'église par notre entremise. Il est clair que Dieu est bon, puissant, fais grâce à qui lui plait. Malheureusement, certains leaders incirconcis revendiquent le miracle comme si cela était leur œuvre, se disent, par exemple: c'est grâce à moi, à mes prières, mon onction que cette femme qui était stérile a enfanté aujourd'hui. Pour cela, elle est dans l'obligation de bénir l'homme de dieu avec un offrande spéciale. Cessons d'agir ainsi, restons visionnaire, créateur et défenseur de la vision du Christ (Actes 9.3-6; 26.13-15).

CHAPITRE 6. ASSEMBLEE VIVANTE

Dans toute communauté humaine l'ordre est de mise, de manière à permettre la croissance ou le progrès de se réaliser, sous œil vigilant d'une zone de collaboration, d'entente mutuelle et de travail.

1. L'ORDRE

L'Eglise primitive connaissait également, une forme d'organisation qui pourrait être différent de la logique. JACQUES, CEPHAS et JEAN, considérés comme colonnes de l'Eglise avaient à eux trois la direction de la communauté en main. Jacques remplissait la fonction du pasteur principal; Céphas, prince des apôtres, leader numéro un, pour l'expansion de l'Evangile auprès des Juifs, et Jean, troisième personnalité dans l'organisation hiérarchique (Actes 6.1-6; Galates 2.9), contrôlait tout ce qui est service de table. A trois, l'église de Jérusalem connu une véritable spiritualité, les diacres furent nommés, la foi en Christ grandissante et chaque jour le seigneur ajoutait à l'église ceux qui étaient sauvés (Actes 2.37-47).

Cependant, le nombre des ministres dans une église, ne peut pas déterminer le nombre des leaders. Bien entendu, il y a cinq ministères dans l'église, malencontreusement, il ne pourrait exister cinq leaders ou cinq pasteurs titulaires dans une église locale. L'Eglise de Dieu est un corps à part entière (Ephésiens 4.8-12), elle doit être organisée et structurée rien que par un seul leader, celui que le Saint-Esprit à établit conducteur. S'il arrivait de voir dans une assemblée locale cinq dirigeants, croyez-moi, cette église est vouée à la destruction. C'est une église fantôme (un monstre à cinq tête).

Le leader ne saurait organiser son assemblée, selon le modèle d'une autre église. L'imitation d'un ministère quelconque ne devrait pas faire l'objet de la structure d'une autre église locale. Quel que soit les raisons, ou l'attachement à son père spirituel, le leader s'appuiera sur l'inspiration du Saint-Esprit, pour organiser l'église, selon le don ministériel qu'il a reçu du Seigneur. En outre, sa tache primordiale est l'enseignement et la prière (Actes 6.1-6). Il ne doit guère se mêler à ce qu'on appelle <u>service de table</u>, où l'on voit, par exemple la commission de protocole, relation public ou s'occuper des questions juridiques, logistiques, contentieux, et autre.

Toute responsabilité confiée, devrait à la rigueur faire l'objet d'un contrôle régulier. Et, le leader confiera la responsabilité à un homme responsable. Par ailleurs, celui qui manifeste de la négligence dans le service est appelé à être mis de coté, et ce, avec sagesse. L'apôtre Paul ne tolérait point voir des frères fainéant dans l'œuvre de Dieu. Ceux qui se retiraient pour le souci de siècle étaient considérés pour Paul comme apostat: ils ne sont plus dignes d'être appelé serviteurs de Dieu et continuer la mission. Ils ont perdu toute vision du Christ. Avoir Christ dans sa ligne de mire attire assurément la lumière des cieux à se reposer sur son ministère. Le relâchement dans le service peut être une paume de discorde. Une de question qui poussa Paul à se séparer de son ami Barnabas, le fils de l'exhortation, parce que ce dernier voulu emmener son cousin Marc. Il eut querelle et rupture dans leur collaboration (Actes 15.36-40).

Quand on parle de la personne responsable, on se réfère à celui qui est baptisé, au nom de Jésus-Christ, marié d'une seule femme, sachant bien conduire sa propre maison. Une telle personne serait capable de faire quelque pas de plus dans sa tache de responsable, au milieu des tensions, les défis, les incompréhensions, les ennuis, la souffrance,… de la vie de l'église locale.

Le leader en tant que homme de Dieu s'efforce à expliquer le contenu de sa vision et sa motivation. Il porte le fardeau de l'église: c'est la sentinelle. Oint par Dieu, il renferme dans ses entrailles la bénédiction et la malédiction. S'opposer à lui, c'est se rebeller au Saint-Esprit qui l'a établit évêque. Se soumettre à sa vision pour l'église locale, c'est respecter l'ordre divin. Par conséquent, la grâce de Dieu opérera de miracles pour accompagner tous les membres œuvrant dans l'assemblée. D'où, on a grand intérêt à considérer nos conducteurs spirituels, nonobstant leur défaut, en tant qu'humain.

A l'instar de Moise, qui avait ses proches collaborateurs: Aaron, et Hur; tout leader désireux de succès, devrait créer son propre bureau de travail avec des hommes de confiance (intègre), qui pourront monter ensemble sur la montagne du Seigneur: intercéder pour l'église ou soit s'occuper du département de la guérison spirituelle. Ces hommes ne peuvent être les opposants à sa vision, mais au contraire, l'aide à réajuster certains choix et réalisations.

Les proches collaborateurs du leader doivent savoir organiser à eux seul leur département, en vue du progrès de la vision de l'église. Leur expérience dans la vie chrétienne s'avère utile.

Pour ce qui est du bureau privé du leader, comme nous l'avons évoqué, il est constitué à des fins de suivi et d'étude des actions de la pastorale. Ce bureau ne remet pas en cause la vision du leader. J'insiste! Plutôt il corrige, modifie, ajuste les tires, voire même appuyer la marche de l'assemblée de Dieu. Les personnes qui acceptent de travailler directement dans ce bureau sont employées par rapport à leur grâce, expérience et intelligence. Je tiens à me répéter sur ce point.

Dans le livre des Actes des apôtres, Paul souligne la nécessité de l'organisation dans l'assemblée de Dieu. Comme Paul, nous croyons que la force du leadership, dans la vie chrétienne, dépend de l'organisation assaisonnée de l'onction du Saint-Esprit. Le cerveau moteur de ladite vie est le pasteur responsable, et non Dieu. Pourquoi? Simplement, parce qu'il est la sentinelle de l'église (esclave de la justice = doulos), le messager de Dieu pour l'église locale. S'il n'arrive pas à mieux organiser ses troupes, son entreprise est vouée à l'échec et disparaitra un jour. Raison pour laquelle l'église du troisième millénaire a besoin des hommes qualifiés, intègres, craignant Dieu. Non ceux qui viennent dans le ministère avec l'idée de tous faire (des débrouillards).

Et, quand l'Eternel décide d'élever une personne, l'établit responsable de la vie spirituelle de ses frères, ce n'est pas dans l'idée de s'imposer sur les faibles. Le respect ne se monnaie pas. L'amour reste le secret du succès (Jean 13.12-17,34-35). L'Eglise n'a pas besoin de pasteur dictateur, arrogant, cupide et coureur de jupons. La considération d'un leader passe avant tout par ses belles paroles, malaxée d'une touche de sagesse. Assis sur l'estrade de la grâce, l'exhortation à porter du réconfort, à unir, frapper dur ou réconcilier les frères et sœurs, dans un climat de confiance, d'amour, de paix et sécurité; et ce, sans discrimination sera le menu de son plat quotidien.

Dans sa prise de décision, le responsable de l'église locale aura toujours pour cadre de référence la personne de Jésus-Christ. Son don à lui ne peut substituer la grâce divine. Recourir au conseil du Maitre des esprits, nous place sur la tribune de l'humilité. Si on se soustrait à l'action du Saint-Esprit, en confectionnant notre don au titre de métier, je vous en conjure, tôt ou tard, la mort spirituelle, l'hérésie et les pratiques occultes viendront se loger à la porte de l'église.

Pour éviter de tomber dans l'erreur et le sommeil, comme le sont aujourd'hui la plupart des mouvements de réveil, qui estiment que les diacres sont les tenants de l'Eglise et doivent occuper un rang assez considérable à ceux du pasteur, du fait qu'ils tiennent les finances et gèrent les actifs et les passifs de l'Eglise. D'aucuns, par contre, suggèrent que le pasteur, leader de l'église locale doit être honoré plus que tous, au point d'arriver au stade d'un Dieu vivant. Qu'on s'agenouille devant lui, payer ses factures ou son bail, ne pas le regarder face à face lors d'un entretien,…
Ces erreurs de jugement surgissent lorsque le leader se sépare de la

communion du Saint-Esprit. Car, c'est la pensée de l'Esprit dans l'esprit du leader qui poussera, notre Seigneur JESUS à agir; cela étant, le leader doit garder le cap, organiser son leadership pour atteindre la mission de Dieu. En mettant de coté la paresse, le relâchement, la légèreté dans le jugement ou dans le langage, le mélange entre la vie professionnelle et sentimentale.

2. LA CROISSANCE

Le souci du leader dans la course chrétienne est l'élargissement numérique du peuple. Quand le peuple est nombreux, c'est la gloire du roi, dit la Bible. Agrandir l'église dont on a la responsabilité, acheter de nouveau matériels, détruire ce qui est vétuste, innover du point de vue organisationnelle, saisir le temps de son environnement, évangéliser (être une église missionnaire) celle qui prône l'édification (Ephésiens 4.12-13) et équiper au mieux les serviteurs pour servir puissamment et efficacement notre Dieu, entrent dans le cadre de la stratégie pour gagner les âmes et le sens du témoignage (Actes 18.9).
Etre stratège, c'est bien. A travers la mobilité, chaque serviteur de Dieu déploie son approche pour former Christ dans les cœurs. Si un leader venait à être à bout d'inspiration, L'Eglise du seigneur bouge au son des séminaires, nuits de prières, retraites, campagne d'évangélisation et autres (Colossiens 1.7; 4.12-13; Apocalypse 2 et 3).

Tout responsable spirituel a à l'esprit de rendre son nom grand, au travers de son ministère, d'après le plan divin. Le but du leader est loin d'être celle de la renommée. Fondamentalement son rôle est d'amener la famille de Dieu à l'unité de vie devant Dieu et devant les hommes. Former le caractère du peuple de Dieu, souder les liens d'amour entr'eux (les frères et sœurs d'âges et d'acabit différent).

Les chrétiens que nous sommes, constituons l'Assemblée de Dieu, un peuple céleste. Notre devoir dans l'église locale, vis-à-vis de conducteurs d'hommes, est de leur obéir, prier pour eux, parce qu'ils ont une lourde tache: veiller sur nos âmes. En les aidant à remplir leur service avec joie, la Parole de Dieu nous sera adressée avec hardiesse et pleine d'onction.
Qu'il n'y ait point parmi l'Assemblée beaucoup d'enseignant (jacques 3.1). Je n'en fais pas une loi, mais je voudrais simplement avertir le leader, du risque de la compétitivité qui pourrait naitre entre les prédicateurs. En tout cas, nous devrions éviter de consacrer n'importe qui, dans l'œuvre du ministère. Le savez-vous que tout chrétien ne possède pas le don d'évangéliste, de prophète, ou de pasteur? Bien entendu, chacun à le devoir de s'engager dans le service de Dieu (au sein d'un département), étudier la Bible, gagner des âmes, intercéder et d'aspirer au don le meilleur.

La plupart des devoirs religieux sont réalisés par le leader de la communauté. Ensemble avec d'autres croyants, ils travaillent pour la croissance de l'église, en s'efforçant de tisser de relation entre frères et sœurs: dans la fraction du pain, la louange,... La construction de ces relations de valeurs, dans nos assemblées permettent à avoir à notre disposition de personnes, qui, s'il advenait un jour de commettre un faux pas, tomber dans une fosse de la destruction, je crois que nos bien-aimés dans le Seigneur serons là pour nous secourir. On sera rassuré de leur soutien pour continuer la marche chrétienne d'un même pas.

Par ailleurs, si la vision des choses célestes divergent (Proverbes 13.20) avec mes frères, cela créera un coup circuit dans la communion fraternelle. Un frein brusque balancera le moteur pastoral. Par voie de conséquence, la croissance de l'assemblée pourrait subir un arrêt. L'unité du corps se fragilisera. Certains risqueront d'abandonner « ▯ le premier amour ▯ » (Apocalypse 2.4). Ne plus respecter l'ordre établit, l'autorité pastorale. Marie et Aaron sont tombés dans le panneau de murmure, l'incrédulité et de l'erreur, d'autant plus qu'ils firent des reproches, mal placée à Moise (Nombres 12). Korè, Dathan et Abiram ont convoité la dignité de Moise (Nombres 16; 2 Pierre 2.10-11), ils se sont rués à l'idolâtrie et aux murmures, emportant sur leur chemin de mutinerie un nombre considérable d'israélites. Ils reçurent comme bulletin de paie, la mort. Voilà le sort qui attend tous ceux qui tente d'apporter la régression, le statu quo à l'œuvre de Dieu.

Ce que nous devons absolument écarter dans la recherche du développement de notre leadership, surtout dans l'assemblée de Dieu, c'est l'esprit de la convoitise, l'idolâtrie et murmures. Puisque le peuple d'Israël est tombé dans le désert (1 Corinthiens 10.1.13), suite à ces péchés cités; les forçant à vivre dans l'isolement, les disputes, l'hypocrisie. D'où, ils connurent d'obstacle à l'exaucement de leurs prières (Marc 11.25).

Face à cette interactivité suscitant le ralentissement de la dynamique spirituelle, le leader tentera de restaurer la relation verticale avec Dieu, et horizontale impliquant l'homme et son semblable. Sachant que les esprits se rencontrent, et les forces s'opposent. Quand bien même les relations humaines, de nos jours, connaissent une dimension démesurée, l'amour pour le Seigneur nous maintiendra en équilibre dans les réseau de nos relations humaine. L'amour est fait des clauses qu'il faudrait respecter. Chaque clause motive l'autre à donner le meilleur de soi-même. Le meilleur de soi-même est alimenté dans la réconciliation avec Dieu et son frère, ceci nous épargne des répliques acerbes imprévisibles, des flèches inattendues ou de foyer de tension inutile.

La croissance de l'Eglise dépend alors, de la qualité des croyants (Ephésiens 4.6), dans la gérance de l'hospitalité, l'accueil et le soutien les uns les autres au moment de la joie et de la souffrance. L'Œuvre de Dieu, en dépit de toutes les imperfections du genre humain, attire les croyants à être uni dans l'amour, cœur du corps de Christ. Par l'amour, nous estimerons le service de l'autre, et veiller à ne pas vanter le notre. L'amour en soi n'est pas un don (1 Corinthiens 12), c'est le mobile à l'exercice de tous les dons, elle est le pont qui relie l'expérience à la vie sans défaillance et sans égard à l'apparence de l'homme.

La croissance, c'est la concrétisation spontanée au service des autres, être foncièrement autonome, désir de nouveauté, loin de la routine. Quant au leader, il est appelé à s'ouvrir au conseil ou remarque formulées à son égard, présentés avec esprit constructive (Proverbes 15.22).
Quel que soit le foyer de tension qui peut naitre, par le souci du profit de l'un, ou de l'écart du langage de l'autre; le leader doit se surpasser pour l'intérêt de tous. S'il y a une réunion qui réconconcilie, il écoutera attentivement et attendra son tour pour parler. Parler quand il faut parler, de façon à éviter ce qui évitable; changer ce qui est inacceptable; accepter ce qui n'est peut être changé; et, les commentaires inutiles n'ont guère droit de cité.

Ce que tu dois retenir, homme de Dieu, nous vivons le temps de la fin, où nous voyons comment le légalisme, le formalisme et l'hypocrisie conduire les églises au chaos. Une juste dose des Ecritures (repas spirituel révélé selon le temps), t'ouvrira le cœur à séparer ce qui est saint de ce qui est vil. Prêche la « ☐ Sainte doctrine ☐ », c'est le chemin qui conduit à la restauration. Elle t'assurera une croissance harmonieuse. Contentes-toi de ce que tu possèdes, même si c'est le faible commencement. Entre dans l'optique du progrès spirituel. Que l'envie d'être comme les autres et le souci de siècle ne te tentent, de peur de t'éloigner de la voie du Seigneur.

Au fait, il y a quelque chose qui me revient en tète: la croissance d'une église locale dépend aussi du comportement et de l'implication active du conjoint ou de la conjointe du leader dans l'œuvre de Dieu ainsi que celle de toute sa maison. Josué dira: «☐moi et ma maison, nous servirons l'Eternel☐» (Josué 24.15b); d'emblée, nous comprenons la pensée de Josué, valoriser la cellule familiale, facteur de grandeur. Tous ce qui nous appartient doit ipso facto concourir à servir YAHVE. De plus, les grands personnages de l'histoire biblique, à savoir Moise, Abraham, Josué, David ont eu à l'égard de Dieu des pensées nobles et élevée en valorisant la vie du couple et de la sexualité.

David, père d'une grande famille, certes, les misères ne lui seront pas épargnés: des enfants agités tel que Absalon qui se révolta contre son père, suivi des nombreuses trahisons (2 Samuel 15.17 à 18.8), assassinat son frère Ammon parce qu'il commit l'inceste avec sa sœur Tamar. Citons également la mort de son fils batard né avec Bethsabée. D'aucuns se disent, mais comment Est-ce possible que les enfants de pasteurs font des frasques insolites? Ne manifestent pas une vie de sainteté. Ah! Cette demande est intéressante. En fait, avant d'être pasteur d'une église, on est d'abord pasteur de sa propre maison. Chercher la délivrance de sa Jérusalem est capitale que d'aller conquérir d'autre nations. Les enfants du leader sont exposés aux attaques diabolique. Cela est du au feel back que produit le ministère de leur papa ou maman. Si les parents qui sont serviteurs de Dieu ne prennent pas au sérieux cette réalité, leurs enfants tomberont dans l'échec, la fornication, la cupidité, le mensonge, la sorcellerie.

Une chose est certaine, un leader qui sait bien diriger sa maison, saura également tenir le bâton de commandement dans l'église. Imaginez maintenait qu'un pasteur qui prêche le mariage, et que ses fils vivent dans la débauche ou le concubinage; quelle réaction les fidèles afficheront-ils? Ou encore, la femme du pasteur est réputée insoumise, insolente vivant dans le désordre. Je pense, surement que l'église de Dieu rejettera radicalement son autorité. Un désintéressement aux choses céleste s'installera dans les cœurs, le fleuve des murmures se déversera dans le bassin des œuvres mortes.

Pour vivre une meilleur croissance au sein de nos assemblées, il faut se débarrasser des choses anciennes: le mensonge, l'arrogance, l'avarice, la cupidité, la violence, la bauche, l'impudicité et autres malédictions (Matthieu 10.34-35). Le manque de délivrance peut conduire à rééditer de fautes émanant de traditions familiales et obligations ancestrales. Alors, brisons tous les liens démoniaques qui pourraient nous empêcher de progresser dans l'ouvre de Dieu. Portons les charges les uns les autres (Galates 6.2). Poursuivons la recherche de la paix avec tous (Hébreux 12.14). Restons soumis aux conducteurs spirituels (1 Thés saloniciens 5.12-13) quoi qu'il arrive.

CHAPITRE 7. <u>MARCHE JUSQU'À LA FIN</u>

Nous sommes à tous à l'école de Dieu, comme le fut Abraham, Joseph, Moise, Paul, Eli, et ce, jusqu'à ce que le Seigneur prendre son Eglise. Le leadership aussi est en réalité une école. Au début quand on apprend aux pieds du véritable Boaz, le succès est lointain. Les difficultés sont nos compagnons de route. Une fois les matières assimilées, dans la vie chrétienne, le bonheur et la grâce se rapproche de notre tente. Avec un grain de sel de la violence, le Seigneur Jésus voit notre dévouement et nous sélectionne. Il va nous préparer, nous équiper, envoyer dans le champ et diriger nos pas vers le sentier de la justice. Il nous soutient en toutes choses. Encourage et récompense ses serviteurs au milieu des persécutions.

Oh! Qu'il est bon de travailler avec le Maitre. Nous collaborons avec le divin Créateur. Pour ce fait, le pasteur, dans la gestion de la chose de Dieu, devrait avoir en tête, qu'aucun jour, il remplacera Dieu, même s'il crashe du feu quand il prêche ou les malades sont guérit lorsqu'il invoque le Saint-Esprit. A ne pas confondre avec ses dons reçus, de la manière dont le Seigneur l'utilise, du nombre des disciples qu'il compte dans ses rangs ou des églises implantées à travers le monde. Tout cela rime avec le dessein de Dieu sur son oint.

A tous les hommes de Dieu, qui que tu sois: tu ne peux pas de gré ou de force exclure ou envoyer des hommes dans la mission sans l'aval du Maitre de la moisson. Tu ne t'attendras point à un salaire provenant de personne ayant suivi une formation spirituelle à tes pieds. Prend garde, les présents corromps les yeux. Donne gratuitement ce qui t'a été donné par imposition de mains des anciens. Je sais qu'on s'efforce tous à se bâtir une forte forme d'organisation dans nos églises locale, qu'aucun homme ne vienne alors s'interposer entre le Seigneur et toi, pour de raison sordide.

Reconnais au moins que dans touts débuts, il y a des personnes qui nous amène au seigneur, nous inculque la notion de l'affermissement, après s'ensuit une phase de délivrance, le baptême,... Ces hommes-là ne sont pas à oublier. Je salue en passant tous ceux qui ont contribué à ma formation spirituelle: le frère Claude TUNUARI et le pasteur Willy BINIAMU (église Temple Morija), apôtre Mardochée et la pasteur Nathan KUNGULU LUKULI (église House on the rock) et l'apôtre Adolphe DINANGA (église Les Messagers). Quant à Paul, l'apôtre, nous le voyons avec trois personnes marqué le début de sa foi chrétienne, il s'agit d'ANANIAS - BARNABAS - CEPHAS (Actes 9.13-14). D'ailleurs, aux premières heures de son ministère, Paul eut comme objectif principal, rendre hommage à Pierre. En allant à Jérusalem, il démontre son état d'humilité, en reconnaissant l'élévation de Pierre, le prince des apôtres. A cela, l'histoire nous apprend à avoir de la considération pour les ainés dans la foi, si nous voulons monter, à notre tour à leurs dignités.

La Bible déclare: « le disciple n'est pas au-dessus de son maitre » (Matthieu 10.24). Pourquoi certain leader tronque la Parole de Dieu en cherchant un traitement privilégié? Prétendre à être mieux traité que le Seigneur Jésus, parce que soi-disant on a l'onction supérieure aux autres. Homme de feu, riche ou béni, le pasteur peut en dépit de toute les imperfections de l'homme, rencontrer de la part du monde injustice et méchanceté; opposition farouche, injures, insultes, semblable à celles du Christ (Matthieu 10.36). S'il vous plait! Pas de découragement. Hélas! Combiens de leaders, de jeunes serviteurs voire de vieux prophètes qui, par manque <u>de décision et d'énergie</u>: craignent le combat et abandonnent leur mission.

C'est dommage de remarquer que l'homme de Dieu tente à lui seul, de se forger une place au dessus des autres. Au lieu de promouvoir l'œuvre de christ, l'accomplir dans un cœur humble, remplir de grâce et l'épicer de douceur (Esaie 42.1-4; 1 Pierre 3.4). Les hommes se tiraillent pour savoir, - disons de démontrer qu'ils sont grands, élevés par rapport à d'autre pasteurs. Si théoriquement cela ne pas vrai, tout leader qui craint Dieu, marche dans l'intégrité, ne peut échapper à la loi de la contestation des siens (Jaloux de son <u>pouvoir</u> ainsi que son autorité sur l'assemblée de Dieu). C'est normal. D'ailleurs, quand ce dernier jette <u>le filet de l'évangile</u> dans la mer des gentils, il n'aura pas nécessairement <u>les bons poissons.</u> Le bon poisson se reconnait à ses écailles et ses nageoires (Lévitiques 11.9-11). Pour s'en sortir dans sa pèche, le conducteur d'hommes a besoin de s'entourer de vrai chrétien, du moins, ceux qui portent une armure morale, possédant les capacités de réussite, résistant à l'afflux de l'hérésie et qui trainent leur pasteur hors de la convoitise mondaine. Comme l'Apôtre Paul qui comptait parmi ses proches des hommes et des femmes dévoués au Seigneur. Citons quelques noms Priscilla et Aquillas, Epaphras, Silas, Tychique, Philémon, Luc,...

Evitons de gain sordide. Il n'est pas bon qu'un pasteur, devant l'argent vienne à fabriquer de prophéties de toutes pièces, avec de longues prières. Servons Dieu avec intégrité et marchons jusqu'au terme de notre mission.

Raison pour laquelle, le dirigeant doit agir toujours avec discernement: intelligence et sagesse (Proverbes 28.16). Ne jamais s'avancer sans réflexion, puisque le peuple que l'on dirige, bon nombre se cachent sous des apparences trompeuses, flatteuses et respectables. De fois, renient en secret, la divinité de JESUS CHRIST. En foi de quoi, le leader recourra à la lumière de la parole de Dieu (la prière) et à la puissance agissante du Saint-Esprit pour démasquer les agents du Diable.

Le pasteur demeure un modèle pour l'assemblée, dans le bien tout comme dans le passage de crise: lorsque l'église se mouille dans des conflits (d'ordre financier), différends entre frères; la grandeur d'âme d'un conducteur est de mise. Tout homme de Dieu porte, dans le carquois de son ministère les minutions de la bénédiction et de la malédiction. Tout dépend de l'ambition qu'il se donne dans son ministère et de voies qu'il empreinte pour cheminer l'Eglise du Seigneur au bon port. Il est un modèle, disons-le encore, parce qu'il crée un climat de confiance, d'amour, de sécurité et de paix. Loin de lui, l'idée de mépriser le troupeau qui lui a été confié, et cela, à cause de la fragilité de certains, l'ignorance ou la naïveté des autres. Chose à éviter: le mauvais comportement dans la vie de chaque jour, cela est le pire des pièges devant les pas de ses cadets.

Que tout ceci stimule notre marche chrétienne, dans la vérité où Dieu attend de notre foi l'obéissance. La terre ne saurait nous offrir de repos durable (Michée 2.10), pendant qu'il fait encore jour, travaillons de mieux en mieux dans l'œuvre de Dieu.
Le mensonge, l'orgueil, la cupidité, l'écart dans le langage, une famille désordonnée et malédiction conduisent à la dérive de la vision. Que faut-il faire? Courir dans l'esprit de relayer sa vision du Christ à des hommes faits. Assurément d'être ni chargé ni entravé. Savoir se débarrasser de tout fardeau et bagage inutile: sentiment diabolique, acception de personnes,… non relâchement dans sa tache et rejeter le péché. Ce qui compte dans l'horizon paradisiaque, c'est de fixer les regards sur JESUS CHRIST, le consommateur de notre foi. Comme les disciples sur le mont des oliviers qui, avaient les yeux fixés vers le ciel pendant l'Ascension de JESUS (Actes 1.9-11); demeurons en éveil, évitons de nous associer à de dangereuses compagnies (1 Corinthiens 15.33) qui peuvent compromettre notre ministère. Que la compagnie du Seigneur Jésus et de siens nous suffise jusqu'à son retour.

CONCLUSION

La force du Leadership est basée sur l'obéissance totale et inconditionnée à la voix de Dieu. Dans Actes 5.32, la Bible nous révèle une vérité capitale: Dieu donne son Esprit à ceux qui l'obéissent. Autrement dit, l'obéissance à Dieu est garant de notre salut. Comme Abraham, Dieu est à la recherche des enfants obéissants. Il ne cherche pas de gens qui gobés la vision d'un pasteur, instruits dans une école de théologie, riche ou partenaire d'une église. Il veut tout simplement l'obéissance dans le cœur (Ecclésiaste 12.13-14).

Toi qui te vante être homme de Dieu, es-tu sorti de la coutume de ta famille? As-tu coupé tous mauvais liens d'âme qui peuvent t'aveugler pour ne pas atteindre la mission que le Saint-Esprit t'a confiée? Sache que c'est l'effet du sacrifice, de l'altruisme, le courage, la sagesse, l'incorruptibilité, la ferveur dans la prière et une foi admirable qui te hisseront sur le rang de héros, et peut- être aussi ton nom sera connu sur l'échiquier mondial. Toutefois, pour apprécier un leader, seules comptent ses qualités d'obéissance, de fidélité, de promptitude, d'amour.

Le cycle de la vie, nous pousse, par le souci de changement à formuler notre choix sur la personne, qui, selon nous parait compétent pour améliorer notre quotidien. C'est l'intérêt de la communauté qui reste le dénominateur à tous leader: établir l'ordre, instaurer la paix et la sécurité, apporter une touche de développement dans son environnement, déployer son savoir-faire et éviter la mal gérance ainsi que des élément subversif, susceptible de freiner son ministère.

Comme l'homme est mortel, son règne est également temporel. Passer le relais à ceux qui portent le même idéal, cela revient à assouplir l'appareil dirigeante, de façon à diriger l'assemblée de Dieu vers une croissance numérique, spirituelle, financière et organisationnelle plus durable; où l'on verra des violents devenir pacifiques, des ivrognes sobres, des déséquilibrés retrouvé le gout de la vie, les malades être guéris, les affaiblis remplis de vigueur, les désespérés avoir l'espérance.

Ce passage de pouvoir: la succession se réalise avec un disciple accompli, préparé «à l'écart» du monde et qui a gouté le repos de Dieu. Un homme qui connait la nudité du leader, et qui est prêt à le couvrir.

Dans ce livre, l'homme de Dieu Imponge L., connu sous le prénom de Garcy, marié, père de famille de quatre enfants, pasteur du centre évangélique Maison sur le roc, nous propose une vision de l'école du leadership basée sur les qualités spirituelle, morales et pratiques du serviteur de Dieu. Il nous montre comment à l'aube d'un jour nouveau, un dirigeant chrétien devrait agir; pour ne pas dire être. Le leader est tout le contraire d'un homme autoritaire, arrogant, polygame, cupide et impossible. C'est un homme d'ouverture d'esprit et de concession. Il est la lumière des nations, puisqu'il manifeste le salut de Dieu au genre humain. Cependant, le but de sa mission n'est pas de se faire un nom ou de se distinguer au milieu ses collaborateurs. Ce qui compte: courir dans l'arène du combat spirituel, en se séparant du péché, suivre la directive divine, continué d'honorer Dieu quand l'élévation se présente, afin de changer la direction de sa vie et du peuple que l'on conduit.

Oui, je veux morebooks!

I want morebooks!

Buy your books fast and straightforward online - at one of the world's fastest growing online book stores! Environmentally sound due to Print-on-Demand technologies.

Buy your books online at

www.get-morebooks.com

Achetez vos livres en ligne, vite et bien, sur l'une des librairies en ligne les plus performantes au monde!
En protégeant nos ressources et notre environnement grâce à l'impression à la demande.

La librairie en ligne pour acheter plus vite

www.morebooks.fr

OmniScriptum Marketing DEU GmbH
Bahnhofstr. 28
D - 66111 Saarbrücken
Telefax: +49 681 93 81 567-9

info@omniscriptum.com
www.omniscriptum.com

www.ingramcontent.com/pod-product-compliance
Lightning Source LLC
Chambersburg PA
CBHW022018160426
43197CB00007B/473